Das Schwangerschafts-Kochbuch

Das Schwangerschafts-Kochbuch

Die optimale Ernährung für Mutter und Baby

Hope Ricciotti

Ernährungsberatung
Fiona Ford

Dorling Kindersley

DORLING KINDERSLEY
London, New York, Melbourne, München und Delhi

Für die deutsche Ausgabe
Programmleitung Monika Schlitzer
Projektbetreuung Nicola Aschenbrenner
Herstellungsleitung Dorothee Whittaker
Herstellung und Covergestaltung Petra Kühner, Julia Schönwetter

Bibliografische Information Der Deutschen Bibliothek
Die Deutsche Bibliothek verzeichnet diese
Publikation in der Deutschen Nationalbibliografie;
detaillierte bibliografische Daten sind im Internet
über http://dnb.ddb.de abrufbar.

Titel der englischen Originalausgabe:
The Yummy Mummy Pregnancy Cookbook

Der Originaltitel erschien 2007 in Großbritannien bei
Dorling Kindersley Limited, London
Ein Unternehmen der Penguin Gruppe

Copyright © 2007 Dorling Kindersley Limited, London
Text-Copyright © 2007 Hope Ricciotti und Vincent Connelly

Projektbetreuung Connie Novis und Norma Macmillan
Projektgestaltung Ruth Hope
Lektorat Salima Hirani und Jo Godfrey Wood
Bildredaktion Glenda Fisher
Cheflektorat Penny Warren
Chefbildlektorat Marianne Markham
Leitung Grafik Peter Luff
Programmleitung Corinne Roberts
DTP-Design Sonia Charbonnier
Herstellung Vicky Baldwin
Fotos Sian Irvine

Alle Rechte vorbehalten. Jegliche – auch auszugsweise – Verwertung, Wiedergabe, Vervielfältigung oder Speicherung, ob elektronisch, mechanisch, durch Fotokopie oder Aufzeichnung bedarf der vorherigen schriftlichen Genehmigung durch die Copyright-Inhaber.

© der deutschsprachigen Ausgabe 2008 by
Dorling Kindersley Verlag GmbH, München

Alle deutschsprachigen Rechte vorbehalten

Übersetzung Jeanette Stark-Städele
Lektorat Anja Ashauer-Schupp

978-3-8310-1128-5

Colour reproduction by Media Development Printing, Great Britain
Printed and bound by Star Standard in Singapore

Besuchen Sie uns im Internet
www.dk.com

Hinweis
Die Informationen und Ratschläge in diesem Buch sind von der Autorin und vom Verlag sorgfältig erwogen und geprüft, dennoch kann eine Garantie nicht übernommen werden. Eine Haftung der Autorin bzw. des Verlags und seiner Beauftragten für Personen-, Sach- und Vermögensschäden ist ausgeschlossen.

Inhalt

Vorwort	6
Einführung	7

Ihre Ernährung – Ihre Schwangerschaft

Gesund essen	10
Brennstoffe für einen aktiven Körper	20
Wie viel Gewicht?	38
Erstes Trimester	48
Zweites Trimester	58
Drittes Trimester	68
Nach der Geburt	78

Die Rezepte – Essen für zwei

Frühstück am Wochenende	90
Frühstück unter der Woche	98
Leichte Mahlzeiten und Snacks	106
Suppen, Salate und Beilagen	122
Mittag- und Abendessen unter der Woche	140
Mittag- und Abendessen am Wochenende	158
Desserts und Mixgetränke	168
Nährstofftabellen	178
Wochenmenüs	184
Register	189
Dank	192

Vorwort

Wenn eine Frau schwanger ist und Mutter wird, erlebt sie eine Phase vielfältiger sozialer, psychischer und biologischer Veränderungen. Viele Frauen verändern in dieser Zeit ihr Verhalten, verbessern ihre Ernährung und sind offen für Gesundheitsthemen.

Im Idealfall wäre jede Schwangerschaft geplant, sodass sowohl Mutter wie Vater eine optimale Lebensweise befolgten, also nicht rauchten oder Freizeitdrogen konsumierten, ihren Alkoholkonsum beschränkten und sich gesund ernährten. Doch in der Realität ist etwa jede dritte Schwangerschaft nicht geplant. Wie lange vor der Schwangerschaft Sie Ihre Ernährung umstellen sollten, hängt davon ab, wie viel Sie verändern müssen: Je mehr geschehen muss, umso länger dauert es. Am wichtigsten ist, dass die Ernährung bei der Empfängnis optimal ist; am besten wäre es daher, so lange zu verhüten, bis Ernährung und Lebensweise verbessert worden sind.

Eine bestehende Fehlernährung (sowohl Über- wie Unterernährung) erhöht das Risiko eines geringen Geburtsgewichts des Kindes, einer Frühgeburt sowie einer übermäßigen Gewichtszunahme in der Schwangerschaft – und den daraus resultierenden Komplikationen. Doch es genügt nicht, besser über eine gesunde Ernährung in der Schwangerschaft und Stillzeit zu informieren; die gesunden Nahrungsmittel müssen erhältlich und erschwinglich sein. Zudem müssen Frauen lernen, die richtige Auswahl zu treffen, die Ausgaben für Lebensmittel und Mahlzeiten zu planen und ihre Kochkünste zu verbessern. Dieses Buch wird für Frauen, die schwanger oder gerade Mutter geworden sind und auch für solche mit Kinderwunsch ein wertvoller Ratgeber sein.

Fiona Ford

Einführung

Die Schwangerschaft ist eine aufregende Zeit; viele Frauen sind hoch motiviert, alles richtig zu machen, indem sie durch eine gute Ernährung das Beste für ihre eigene Gesundheit und die ihres heranwachsenden Babys tun.

Für viele können diese Veränderungen der Auslöser für lebenslang gesunde Gewohnheiten sein. Doch es können auch Unsicherheiten entstehen, da sich die Empfehlungen ständig verändern und es zahllose Ammenmärchen gibt. Dieses Kochbuch verbindet wissenschaftliche Erkenntnisse über die Ernährung auf eine einfache, verständliche Weise mit der Kunst des Kochens. Ein wenig Hintergrundinformation kann vieles klären: So können Sie die Veränderungen, die sich in Ihrem Körper vollziehen, und das Wunder des sich entwickelnden Babys voll genießen. Außerdem kann man nie genug Anregungen für die Zubereitung von Speisen bekommen. So ist dieses Buch eine wahre Fundgrube sowohl für den Neuling wie für die erfahrene Köchin.

Es ist wichtig, dass Sie Ihrem Baby dank Ihrer Ernährung in der Schwangerschaft einen gesunden Start ermöglichen. Wissenschaftliche Untersuchungen lassen darauf schließen, dass die Ernährung und die Gewichtszunahme in der Schwangerschaft zur Vorbeugung vor späteren ernsten Erkrankungen im Leben des Babys beitragen können. Halten Sie Ihr Gewicht in einem gesunden Rahmen. Ihre Schwangerschaftskost sollte abwechslungsreich und genussvoll sein, denn Ihre Kost prägt bereits in der Gebärmutter die Geschmacksnerven Ihres Babys. »Für zwei essen« hat heute eine ganz neue Bedeutung.

Hope Ricciotti

> »Genießen Sie die Veränderungen, die sich in Ihrem Körper vollziehen, und das Wunder des sich entwickelnden Babys.«

Ihre Ernährung – Ihre Schwangerschaft

Freuen Sie sich, wie sich Ihr Körper verändert, und genießen Sie das Wunder Ihres heranwachsenden Babys. Dieses Kapitel hilft Ihnen, Ihre Ernährung in der Schwangerschaft zu planen.

Gesund essen

Heute wissen wir mehr darüber, was eine gesunde Schwangerschaftskost ausmacht, als noch vor zehn Jahren. Klar ist, dass eine gute, nährstoffreiche Kost Ihnen und Ihrem Baby viele gesundheitliche Vorteile bringen kann. Dabei muss eine optimale Kost keineswegs kompliziert sein. Es genügt, wenn Sie einige Grundprinzipien, die in diesem Buch erklärt werden, im Kopf behalten – schon können Sie Ihre Schwangerschaft genießen und über die außerordentlichen Veränderungen, die in Ihrem Körper stattfinden, staunen.

»Klar ist, dass eine gute nährstoffreiche Kost Ihnen und Ihrem Baby viele gesundheitliche Vorteile bringt.«

Vorteile für Ihr Baby

Die Empfehlungen in diesem Buch basieren auf Fakten, die im letzten Jahrzehnt von Wissenschaftlern, Ernährungsfachleuten und Ärzten aus unterschiedlichen Forschungsgebieten zusammengetragen wurden. In jüngster Zeit rückte die Ernährung der Schwangeren in den Mittelpunkt des Interesses. Sie bietet die ideale Möglichkeit, den wachsenden Fetus mit der richtigen Kombination von Nährstoffen und Kalorien zu versorgen – die Basis für eine lebenslang gute Gesundheit. Bestimmte Vitamine und Nährstoffe können Fehlbildungen ebenso vorbeugen wie die Gehirn- und die neuronale Entwicklung fördern.

Unter Erwachsenen verbreitete Krankheiten wie Übergewicht (Adipositas), Diabetes und Herz-Kreislauf-Erkrankungen beginnen vielleicht schon in der Gebärmutter; neue Forschungsergebnisse zeigen, dass man ihnen hier auch schon vorbeugen kann. In den Industrieländern leiden viele Frauen im gebärfähigen Alter an Übergewicht und Diabetes. Dies führte zu Befürchtungen hinsichtlich der Konsequenzen einer fetalen Überernährung, die zu hohem Geburtsgewicht mit daraus resultierenden Gesundheitsproblemen im späteren Leben führen kann. Oberstes Ziel in der Schwangerschaft ist es, die richtige Kombination an Nährstoffen und genug, aber nicht zu viele Kalorien zu sich zu nehmen.

Eine gesunde Mutter, ein gesundes Baby

Durch vitamin- und nährstoffreiche Kost während der Schwangerschaft entwickeln sich Gehirn und Nervensystem Ihres Babys besser.

Bildung des Gehirns und des Nervensystems

Das embryonale Nervengewebe ist eines der ersten Systeme, die sich während der Schwangerschaft zu entwickeln beginnnen, und es koordiniert die Entwicklung der anderen Systeme. Am Ende der sechsten Schwangerschaftswoche ist die Grundlage des gesamten Nervensystems angelegt. In diesem röhrenförmigen Netzwerk können Neuralrohrdefekte auftreten; diese gehören zu den häufigsten Geburtsfehlern. Bei jedem tausendsten Baby schließt sich das Neuralrohr nicht, sodass das Rückenmark teilweise offen liegt. Die Erkrankung wird Spina bifida genannt; dazu zählen weitere damit verwandte Fehlbildungen. Das Auftreten dieser Fehlbildungen kann durch den Verzehr von Nahrungsmitteln, die reich an Folsäure oder Folat sind, reduziert werden (siehe Seite 28). Wenn sich das Neuralrohr geschlossen hat, entwickelt sich das Gehirn weiterhin und wächst während der gesamten Schwangerschaft rapide. Sie können die Entwicklung des fetalen Gehirns und des Nervensystems durch eine Ernährung, die reich an Omega-3-Fettsäuren ist (siehe Seite 27), positiv beeinflussen; davon wird Ihr Baby bis in die Kindheit hinein profitieren, da sich diese Systeme weiterentwickeln.

> »Eine der häufigsten Fehlbildungen kann durch den Verzehr von Folsäure und Folat reduziert werden.«

Herz und Blutgefäße

Um die fünfte Schwangerschaftswoche beginnen sich Herz und Blutgefäße Ihres Babys auszubilden. Mit sieben Wochen beginnt das Herz zu schlagen. Nun liefert Ihr Blut, das durch die Plazenta zum Baby gelangt, Sauerstoff und Energie für das Wachstum Ihres Babys. Ihre Ernährung liefert die Nährstoffe für seine Entwicklung.

Der wichtigste Energielieferant für Ihr Baby ist Glukose; sie entsteht bei der Aufspaltung der komplexen Kohlenhydrate und wird über das Blut transportiert. Ihr Blut versorgt die Plazenta und die Glukose gelangt über die Plazenta zum Baby. Die Plazenta ist das

Versorgungssystem des Ungeborenen. Hierüber bezieht es Sauerstoff, Nährstoffe und Flüssigkeit; Abfallprodukte aus dem kindlichen Stoffwechsel werden zurückgeleitet. Wenn Sie sich von Anfang an gut ernähren, kann sich die Plazenta voll ausbilden und Ihr Baby optimal versorgen, sodass es sein maximales genetisch vorprogrammiertes Wachstumspotenzial ausschöpfen kann.

Die spätere Gesundheit Ihres Babys

Neue Forschungen zeigen, dass das Risiko von Herz-Kreislauf-Erkrankungen schon in der Ernährung des Babys in der Gebärmutter angelegt sein kann. Eine Schwangerenkost, die reich an gesättigten Fettsäuren ist, erhöht das Risiko des Babys, später Herzkrankheiten wie Arteriosklerose zu entwickeln. Sie können das Risiko kardiovaskulärer Erkrankungen für Sie beide senken, indem Sie sich »herzgesund« ernähren. Verwenden Sie Fette mit einfach und mehrfach ungesättigten Fettsäuren wie Olivenöl, Rapsöl, Erdnussöl und Färberdistelöl statt ungesunde gesättigte und Transfettsäuren; schränken Sie Ihren Verzehr von Rindfleisch und vollfetten Milchprodukten, die reich an gesättigten Fettsäuren sind, ein; und verzichten Sie auf Margarine und industrielle Backwaren, die häufig Transfettsäuren enthalten.

Im dritten Trimester, zwischen der 28. und 40. Woche, wächst Ihr Baby unglaubliche 350 Prozent. In dieser Zeit legt Ihr Baby Fettpolster an. Ein erhöhter Blutzuckerspiegel der Mutter nach den Mahlzeiten wird mit einem größeren Bauchumfang beim Baby in Zusammenhang gebracht. Und es scheint eine Verbindung zu geben zwischen einem hohen Geburtsgewicht und bestimmten Gesundheitsrisiken im späteren Leben, einschließlich Adipositas, Diabetes und Herzkrankheiten. Sie können Ihren Blutzuckerspiegel auf einem konstanten Level halten: Essen Sie Kohlenhydrate aus Vollkorn statt raffinierte Produkte (siehe Seite 23 und 37).

GEBURTSGEWICHT

Babys, die bei der Geburt sehr groß sind, haben in der Kindheit und als Erwachsene eher einen höheren Body Mass Index (BMI). Bis heute weiß man wenig über die komplexen Zusammenhänge der Entwicklung des Fetus in der Gebärmutter. Sicher ist jedoch, dass ein erhöhter Blutzuckerspiegel der Mutter einer der Hauptfaktoren ist, die zu einem übermäßigen Wachstum des Fetus beitragen. Zum Beispiel tragen Kinder, deren Mütter an Schwangerschaftsdiabetes litten, ein höheres Übergewichtsrisiko im späteren Leben. Immer jedoch beeinflusst die Menge der raffinierten Kohlenhydrate, die Sie verzehren, den Glukosespiegel in Ihrem Blut. Dieser wiederum hat Einfluss auf das Wachstum Ihres Babys. Daher kann ein erhöhter Glukosespiegel, selbst innerhalb der normalen Bandbreite, zu einem größeren Baby führen.

Vorteile für Sie

Die Schwangerschaft ist eine Zeit dramatischer Veränderungen in Ihrem Körper – praktisch jedes Organ und System verändert sich; es mag scheinen, als ob Ihr Körper kaum mehr zu Ihnen gehört. Doch wenn Sie verstehen, was hier vor sich geht, können Sie gelassen bleiben. Dann wissen Sie, welche Veränderungen normal sind und wie Sie für Ihre Gesundheit sorgen können. Sie brauchen zusätzliche, qualitativ hochwertige Energielieferanten für Ihren Körper und für den Ihres Babys. Durch eine gute Ernährung stellen Sie auf angenehme Weise sicher, dass dies funktioniert.

Wenn Sie glücklich und positiv eingestellt sind, fördert dies Ihre körperliche Gesundheit und Ihr mentales Wohlbefinden. Es bereitet Sie auf die Entbindung vor, erleichtert Ihnen die Zeit der Rückbildung und hilft Ihnen, Ihre frühere Figur schneller wiederzuerlangen. Eine gesunde Lebensweise während der Schwangerschaft bereitet Sie auch auf die anstrengende Pflege des Neugeborenen vor.

Die Schwangerschaft ist eine großartige Zeit, um gute Gewohnheiten einzuführen, die später, wenn Sie für Ihr Kind sorgen, beibehalten werden. Es ist nicht leicht, den Schlafmangel und die Anforderungen in den ersten Monaten mit dem Neugeborenen

AUSGEWOGEN UND VIELSEITIG
Wenn Sie sich entsprechend der Richtlinien in diesem Buch ausgewogen und vielseitig ernähren, werden Sie Energie haben, zufrieden sein und gesund und leistungsfähig bleiben.

zu meistern; Sie halten am besten durch, wenn Sie sich während der Schwangerschaft und danach gut ernähren. Eine ungesunde Ernährung in der Schwangerschaft kann bei der Mutter Depressionen und Diabetes auslösen. Auch eine Frühgeburt ist möglich. Sie kann den Keim legen für künftige Gesundheitsprobleme.

Es ist nicht immer einfach, in der Schwangerschaft gut zu essen, aber Sie müssen gesund bleiben, um gut für Ihr Baby und Ihre Familie sorgen zu können. Behalten Sie folgende Analogie im Hinterkopf: Im Flugzeug sollen im Notfall zuerst Sie sich Ihre Sauerstoffmaske aufsetzen und dann erst Ihrem Kind. So ist es auch in der Schwangerschaft. Es ist nicht egoistisch, sondern vernünftig, wenn Sie zuerst auf sich achten.

»Eine gesunde Lebensweise während der Schwangerschaft bereitet Sie auch auf die anstrengende Pflege des Neugeborenen vor.«

Blutdruck

Die Kraft, die das Blut auf die Innenseite der Blutgefäße ausübt, wird Blutdruck genannt. Der Blutdruck wird als ein Verhältniswert ausgedrückt, wobei der Normalwert bei 120/80 oder darunter liegt. Als Bluthochdruck bezeichnet man einen Wert von 140/90 und mehr. Die erste Zahl gibt den systolischen Druck an (den Druck, wenn das Herz Blut in die Arterien drückt). Der zweite ist der diastolische Wert (der Druck, wenn das Herz zwischen den Schlägen entspannt).

Ihr Blutdruck fällt in der Schwangerschaft infolge der entspannenden Wirkung des Hormons Progesteron (das von der Plazenta gebildet wird). Dieser Abfall beginnt gegen Ende des ersten Trimesters; der niedrigste Wert wird im zweiten Trimester erlangt. Im dritten Trimester stellt sich bei den meisten Frauen wieder der normale Blutdruck ein.

Bei Bluthochdruck sollte man den Salzkonsum stark einschränken. In der Schwangerschaft benötigt Ihr Körper mehr Natrium als jemals sonst; dies bedeutet aber nicht, dass Sie den Salzverzehr erhöhen müssen. Essen Sie möglichst wenig industriell verarbeitete Nahrungsmittel und Fastfood, da sie meist viel Salz enthalten, und salzen Sie das Fleisch und Gemüse wie gewohnt. Untersuchungen zeigen, dass Personen, die besonders viel Obst und Gemüse essen, den niedrigsten Blutdruck haben.

Ihr Herz und Ihr Blut in der Schwangerschaft

Die Schwangerschaftshormone führen dazu, dass sich der Ruhepuls um 10–15 Schläge erhöht, und bei jedem Herzschlag wird eine größere Menge Blut durch Ihren Körper gepumpt. Mit zwölf Wochen erfolgt ein deutlicher Anstieg in der Leistung Ihres Herzens; und diese steigt weiter, sodass sie bei der Geburt um etwa 40 Prozent erhöht ist. Ihre Blutmenge nimmt bis zur Geburt um beinahe 50 Prozent zu. Dazu benötigen Sie Salz, Wasser, zusätzliches Eisen und Folsäure, damit neue rote Blutkörperchen

ERSTAUNLICH – DIE PLAZENTA

Die Plazenta ist ein bemerkenswertes Organ. Sie beginnt zwischen der achten und zehnten Schwangerschaftswoche an der Muskelwand der Gebärmutter zu wachsen. Die Plazenta versorgt Ihr Baby über Ihr Blut mit Sauerstoff und Nährstoffen; hier werden auch Kohlendioxid und Abfallstoffe aus dem Kreislauf des Babys zur Ausscheidung in Ihren Kreislauf zurückgebracht.

Die Aufgabe der Plazenta ist damit nicht beendet. Sie bildet verschiedene Hormone in großen Mengen, einschließlich Östrogen und Progesteron. Zusätzlich dient sie als Verbindung zwischen Mutter und Kind. Die »Plazentaschranke« stellt eine passive Filtermembran dar, die mütterliches und kindliches Blut trennt, so dass sie sich nie vermischen.

gebildet werden können. Das zusätzliche Salz, Wasser, Eisen und die Folsäure, die dafür erforderlich sind, stammen aus Ihrer Kost. (Auf den Seiten 28–32 finden Sie Nahrungsmittel, die diese Mikronährstoffe enthalten.)

Veränderungen in den Brüsten

Die Schwangerschaftshormone und die erhöhte Blutmenge führen dazu, dass die Brüste größer und empfindlich werden. In den Brüsten entwickelt sich ein Netzwerk an Milchgängen, die die Milch für Ihr Baby liefern. Sie werden feststellen, dass sich die Brustwarzen vergrößern und dunkler werden. Auch die Warzenhöfe, die dunklen Bereiche um die Brustwarzen, werden dunkler; kleine Knötchen bilden sich. Ihr Körper braucht ausreichend Eiweiß, um diese Entwicklung zu ermöglichen. (Eiweißreiche Nahrungsmittel finden Sie auf den Seiten 24–26.)

Wachstum der Gebärmutter

Die Gebärmutter (Uterus), das Zuhause Ihres Babys während der Schwangerschaft, ist eine Hohlstruktur mit einer dicken Muskelwand. Sie wird als stärkster Muskel des menschlichen Körpers betrachtet und dehnt sich von der Größe eines Pfirsichs und einem Gewicht von 60 g auf die Größe einer großen Wassermelone mit einem Gewicht von etwa 1,1 kg beim Geburtstermin aus. Da sie im rechten Becken hinter der Blase liegt, werden Sie, wenn sie größer wird, häufiger Wasser lassen müssen, da sie einen Teil des Raums einnimmt, den gewöhnlich die Blase besetzt. Ein guter Anteil des Eiweißes in Ihrer Ernährung wird für die Ausdehnung Ihrer Gebärmutter benötigt. (Eiweißreiche Nahrungsmittel finden Sie auf den Seiten 24–26.)

Die Rolle des Kalziums

Das Skelett des Babys beginnt sich gegen Ende des ersten Trimesters zu bilden. Gegen Ende des zweiten und während des dritten Trimesters erreicht die Menge des Kalziums, das Ihr Baby für die Skelettbildung aus Ihrem Körper bezieht, sein Maximum. Das meiste Kalzium, das Ihr Baby benötigt, bekommt es über Ihr Blut durch die Plazenta. Selbst wenn Sie über Ihre Nahrung nicht genügend Kalzium zu sich nehmen, gelangt alles Kalzium, das in Ihrem Körper zur Verfügung steht, über die Plazenta zum Baby. Ihr Baby wird also auch ausreichend mit Kalzium versorgt, wenn Sie zu wenig davon essen; es wird dann aus Ihren Knochen und Zähnen bezogen. So deckt Ihr Baby seinen Bedarf zur Bildung und Mineralisierung von Knochen und Zähnen.

ACHTEN SIE AUF SICH Es ist nicht egoistisch, sich um das eigene Wohlergehen zu kümmern. Sie müssen fit und gesund sein, damit Sie sich um Ihr Baby kümmern können. Auch die zukünftige Gesundheit und die Ernährungsgewohnheiten Ihres Babys hängen davon ab, wie gesund Sie sich während der Schwangerschaft ernähren.

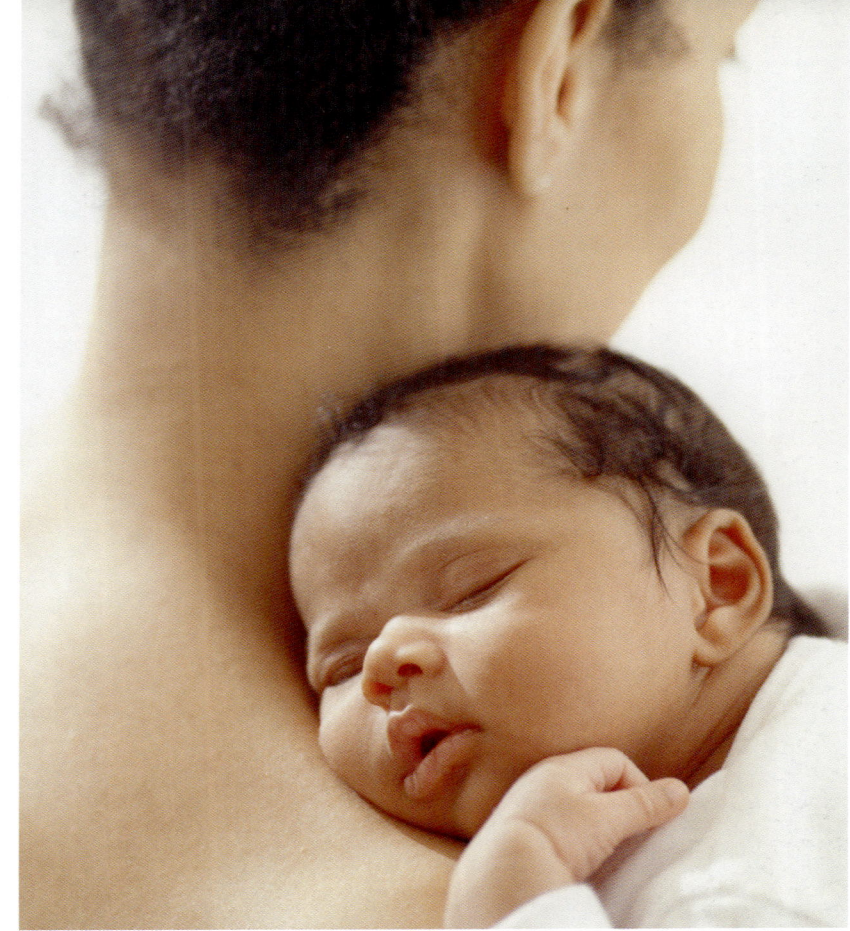

Das Kalzium teilen

Wenn Ihr Kalziumspiegel im Blut sinkt, weil Ihr Baby das Kalzium benötigt, dient Ihnen das Kalzium in Ihren Knochen als Reservoir für Ihren eigenen Bedarf. Indem der Kalziumverlust konstant durch Kalzium aus den Knochen ersetzt wird, wird der Kalziumspiegel in Ihrem Blut aufrechterhalten. Kurzfristig kann kalziumarme Kost in der Schwangerschaft das Risiko von Komplikationen durch Bluthochdruck erhöhen; auf lange Sicht kann sie zu Osteoporose führen. Daher sollten Sie ausreichend Kalzium zu sich zu nehmen. (Kalziumreiche Nahrungsmittel finden Sie auf Seite 29.)

Zwillingsschwangerschaft

Zwillinge entwickeln sich, wenn zwei Eizellen gleichzeitig befruchtet werden (zweieiige Zwillinge) oder wenn sich eine befruchtete Eizelle teilt (eineiige, identische Zwillinge). Zwillinge können familiär gehäuft auftreten; auch bei Spätgebärenden sind Zwillingsschwangerschaften häufiger. Die körperlichen Veränderungen sind bei einer Zwillingsschwangerschaft noch ausgeprägter.

Sobald Sie sich mit den Grundsätzen einer gesunden Schwangerschaftskost vertraut gemacht haben, werden Sie ganz selbstverständlich Mahlzeiten und Zwischenmahlzeiten zubereiten, die für Sie und Ihr Baby gesund, köstlich und sättigend sind. Wenn Sie schwanger werden, haben Sie eine Menge an Informationen und Ratschlägen zu »verdauen«; aber wenn Sie die Punkte unten befolgen, können Sie bei Ihrer Ernährung nichts falsch machen.

Zusammengefasst ...
eine gesunde Ernährung

1 **Es ist wirklich einfach!** Wenn Sie sich ausgewogen und vielseitig ernähren, nehmen Sie die richtigen Nährstoffe zu sich, um Ihrem Baby den bestmöglichen Start ins Leben zu schenken.

2 **Auch für Sie gut** Eine gesunde Ernährung hält Sie bei Kräften, Sie sind optimistisch und voller Energie. So wird es für Sie leichter sein, die großen Veränderungen zu meistern.

3 **Neue Lebensweise** Die Schwangerschaft ist ein hervorragender Zeitpunkt, um neue Gewohnheiten anzunehmen, die Sie später beibehalten werden.

4 **Vorteile und Schutz** Ihr Baby ist vor bestimmten Fehlbildungen besser geschützt und hat lebenslang gesundheitliche Vorteile, wenn Sie ausgewogen essen.

5 **Gehirn und Nerven** Der Verzehr bestimmter Vitamine und Mikronährstoffe während der Schwangerschaft fördert die Entwicklung von Gehirn und Nervensystem beim Fetus.

6 Omega-3-Fettsäuren Eine Ernährung, die daran reich ist, fördert die neurologische Entwicklung, die Intelligenz und die mentale Gesundheit Ihres Babys.

7 Geringere spätere Risiken Sie können das künftige Risiko von Herz-Kreislauf-Erkrankungen bei Ihrem Baby senken, indem Sie eine »herzgesunde« Kost zu sich nehmen.

8 Niedriger Blutzuckerspiegel Hohe Glukosespiegel in Ihrem Blut erhöhen das Geburtsgewicht Ihres Babys und damit das Risiko für Adipositas, Diabetes und Herzkrankheiten.

9 Salz und Wasser Trinken Sie während der Schwangerschaft viel Wasser und salzen Sie frisch zubereitete Speisen ohne Bedenken.

10 Kalziumaufnahme Schützen Sie Ihre Gesundheit, indem Sie gegen Ende des zweiten und im dritten Trimester genug Kalzium zu sich nehmen.

OMEGA-3-FETTSÄUREN

Die Gehirnentwicklung des Fetus fördern

Untersuchungen zeigen, dass eine an Omega-3-Fettsäuren reiche Ernährung die Entwicklung von Gehirn und neuronalem System des Babys vor der Geburt fördern kann und einen Schutz vor Neuralrohrdefekten verleiht.
- Reich an Omega-3-Fettsäuren ist fettreicher Fisch.
- Vegetarier müssen verschiedene Nahrungsmittel kombinieren, um genügend Omega-3-Fettsäuren zu verzehren, weil Fisch die einzige Quelle ist, die alle drei essenziellen Fettsäuren enthält (siehe Seite 27).

Setzen Sie Leinsamen, Leinsamenöl, Walnüsse und Rapsöl auf Ihren Speiseplan. Leinsamen müssen gemahlen werden, damit der Körper das Öl verwerten kann.

Italienischer Kabeljau (Rezept siehe Seite 148)

Brennstoffe für einen aktiven Körper

»Eine Schwangerschaft ist etwas ganz Normales: Frauen bekamen schon gesunde Babys, bevor wissenschaftliche Erkenntnisse über die Ernährung in der Schwangerschaft vorlagen.«

Eine Schwangerschaft ist etwas ganz Normales und Positives und keine Krankheit. Schließlich bekamen Frauen schon gesunde Babys, bevor wissenschaftliche Erkenntnisse über die Ernährung in der Schwangerschaft vorlagen. Im ersten Kapitel (Gesund essen) haben Sie erfahren, wie aktiv Ihr Körper während der Schwangerschaft ist. In diesem Kapitel wird erklärt, welche Nahrungsmittel die Energie in idealer Weise liefern und wie einfach es ist, sich während der Schwangerschaft eine optimale Kost zusammenzustellen.

Das Essen in der Schwangerschaft sollte Freude und Genuss sein. Verwöhnen Sie Ihren Gaumen und zelebrieren Sie Ihre Schwangerschaft. Nutzen Sie das Schwangersein gleichzeitig als Möglichkeit, Ihre Ernährung zu überdenken und Korrekturen vorzunehmen; Ihre Gesundheit wird es Ihnen ein Leben lang danken.

Manchmal scheint gesunde Ernährung zeitraubend und arbeitsintensiv zu sein. Sie wollen die »richtigen« Nahrungsmittel essen, aber Ihr Geschmackssinn hat sich verändert. Sie wissen, woraus eine gesunde Ernährung normalerweise besteht, aber gilt dies auch in der Schwangerschaft? Und Sie haben gehört, dass manche Nahrungsmittel schädlich sein können. Ausgestattet mit Informationen und einigen Anregungen für verführerische Mahlzeiten und Snacks können Sie Ihre Schwangerschaft genießen.

Es ist im Grunde ganz einfach, sich in der Schwangerschaft gesund zu ernähren. Ihr Ziel ist, eine für Sie und Ihr Baby vollwertige Nahrung bereitzustellen bei der Sie die richtige Kalorienmenge verzehren, um angemessen zuzunehmen.

Ausgewogenheit zählt

Die Schwangerschaft verlangt nach keiner fett- und kohlenhydratarmen Kost. Aktuelle Richtlinien für eine optimale Schwangerschaftskost ab dem vierten Monat empfehlen einen Anteil von 50–60 Prozent der Energiezufuhr aus Kohlenhydraten, 25–35 aus Fett und 20 Prozent aus Eiweiß.

Nun haben Sie eine allgemeine Formel, die Sie befolgen sollten; doch das heißt nicht, dass Sie bei jeder Mahlzeit jede Kalorie, die Sie zu sich nehmen, ausrechnen müssen. Wenn Sie mit Ihrem gesunden Menschenverstand Ihre Ernährung im Auge behalten, erreichen Sie dieses Verhältnis der Hauptnährstoffe automatisch. Sobald Sie einige Beispiele für Mahl-

»Nun haben Sie eine allgemeine Formel, die Sie befolgen sollten; doch das heißt nicht, dass Sie bei jeder Mahlzeit jede Kalorie, die Sie zu sich nehmen, ausrechnen müssen.«

zeiten und Menüs, die auf dieser Formel basieren, gesehen haben, haben Sie den Blick für die Ausgewogenheit. Nicht jede Mahlzeit muss genau nach diesem Verhältnis zusammengestellt werden. Wichtig ist, dass die empfohlenen Mengen über die Woche gesehen annähernd erreicht werden. Eine ausgewogene, vielseitige Ernährung, die insbesondere viel Obst, Gemüse, Vollkornprodukte, Eiweiß und gesunde Fette beinhaltet, liefert beinahe alle Nährstoffe, die Sie benötigen (siehe unten).

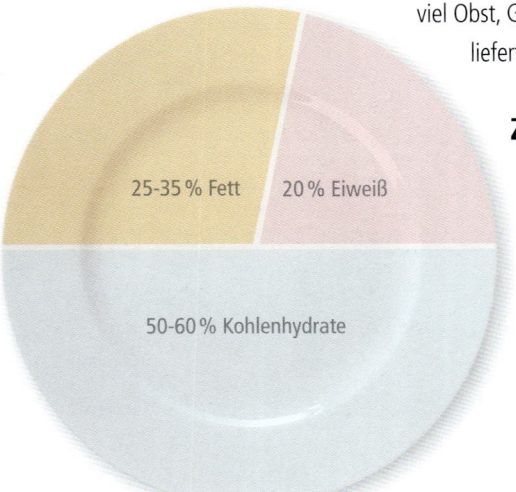

25-35 % Fett
20 % Eiweiß
50-60 % Kohlenhydrate

Zählen Sie nicht!

Zwar steigt Ihr Vitamin- und Mineralstoffbedarf, doch es ist nicht notwendig, jedes Vitamin und jeden Mineralstoff in den Speisen zu zählen. Wenn Sie die Ratschläge in diesem Buch befolgen, benötigen Sie keine Zusatzpräparate, mit Ausnahme von Folsäure (siehe Seite 28).

ERNÄHRUNGSFORMEL FÜR DIE SCHWANGERSCHAFT Behalten Sie das Verhältnis von Fett, Eiweiß und Kohlenhydraten im Kopf und essen Sie viele verschiedene Nahrungsmittel. Auf diese Weise nehmen Sie alle benötigten Nährstoffe zu sich.

TÄGLICHE KOHLENHYDRAT-AUFNAHME

Etwa die Hälfte Ihrer täglichen Kalorienzufuhr sollte über Kohlenhydrate gedeckt werden, hauptsächlich mit Vollkornprodukten.

Frühstück Haferbrei mit Rosinen, mit Kalzium angereicherter Orangensaft

Mittagsmahlzeit Hummus auf Vollkorn-Pittabrot; Staudensellerie; ein Stück Obst

Abendessen Chili mit Naturreis

Dessert Obst mit Schlagsahne

Kohlenhydrate

Sie benötigen Kohlenhydrate als »Basis«-Treibstoff; diese sollten 50–60 Prozent Ihrer täglichen Kalorienzufuhr ausmachen. Dies bedeutet etwa sechs Portionen Kohlenhydrate täglich aus Weizen, Reis, Hafer, Maismehl oder anderen Getreidesorten. Eine Portion besteht z. B. aus einer Scheibe Brot, einem Brötchen oder 45 g Frühstücksflocken.

Getreide lässt sich je nach Verarbeitungsgrad in zwei Hauptgruppen unterteilen: raffiniertes und unraffiniertes Korn, also Weiß- und Vollkornmehl. Vollkornmehl enthält das ganze Korn – Kleie, Keim und Endosperm. Sie sollten versuchen, mindestens die Hälfte, wenn nicht alle Kohlenhydrate in Form von Vollkornprodukten zu sich zu nehmen.

Raffiniert oder unraffiniert?

Was ist der Unterschied zwischen raffiniertem und unraffiniertem Getreide? Beim raffinierten Getreide (Auszugsmehl) werden beim Ausmahlen Kleie und Keim entfernt. Dabei verschwinden auch die Ballast- und Nährstoffe; daher ist aus gesundheitlicher Sicht unraffiniertes Getreide, also Vollkornmehl, besser für Sie und Ihr Baby. Vollkorn-Kohlenhydrate werden vom Körper langsamer abgebaut und setzen gleichmäßig Glukose frei, sodass es nicht zu einem raschen Anstieg des Blutzuckerspiegels kommt wie nach dem Verzehr von Weißmehl.

Höhen und Tiefen vermeiden

Sowohl für Sie wie auch für Ihr Baby ist eine gleichmäßige Glukosezufuhr besser, da dadurch Blutzuckerspitzen und darauf folgende rasche -abfälle vermieden werden. Wenn Sie zum Beispiel weißen Reis, Weißbrot, Süßigkeiten oder Limonade zu sich nehmen, gelangen die Kohlenhydrate sofort ins Blut und führen zu einem starken Anstieg des Glukosespiegels. Man vermutet, dass diese Blutzuckerspitzen dafür verantwortlich sind, dass manche Babys bei der Geburt sehr groß sind; damit besteht auch die Veranlagung, später übergewichtig oder fettsüchtig zu werden. Machen Sie daher Vollkornprodukte zur Basis Ihrer Ernährung und greifen Sie nur gelegentlich zu Weißbrot oder weißem Reis. Sie sollten versuchen, den Hauptanteil an Getreideprodukten über Vollkornkost zu decken (siehe Seite 37).

Eiweiß-Power

Eiweiß ist für das körperliche Wachstum und die Entwicklung der Zellen Ihres Babys, für die Plazenta, das amniotische Gewebe sowie für den Anstieg der Blutmenge, das Wachstum der Gebärmutter und die Entwicklung der Brüste unverzichtbar. Bis zu 20 Prozent Ihrer täglichen Kalorienzufuhr sollten aus Eiweiß bestehen; die meisten Frauen haben kein Problem, Ihren Eiweißbedarf zu decken.

Sie benötigen in der Schwangerschaft täglich rund 60 g Eiweiß, das sich auf etwa drei Portionen verteilt. Wenn Sie Eiweiß nur aus pflanzlichen Quellen zu sich nehmen, sollten es täglich vier Portionen sein. Wichtige Eiweißlieferanten sind Fleisch, Geflügel, Fisch, Tofu, Bohnenkerne, Milch, Käse, Joghurt, Eier, Nüsse und Samen. Wenn Sie morgens Frühstücksflocken oder Müsli mit Milch essen, mittags ein Sandwich mit Tofu oder Erdnussbutter und zum Abendessen Fleisch oder Fisch mit Bohnen, so summiert sich dies auf etwa 70 g Eiweiß. Damit ist Ihr Bedarf gedeckt. Die meisten eiweißhaltigen Nahrungsmittel enthalten auch Fett; wählen Sie Eiweißquellen, die nur wenig gesättigte Fette enthalten wie Fisch, Nüsse und Samen. Sie können wöchentlich bis zu 350 g Fisch verzehren, sofern Sie auf Fisch verzichten, der mit Quecksilber belastet ist (siehe Seite 35).

Ungesunde Fette meiden ist einfach

Ungesunde Fette in Eiweißquellen umgehen Sie, indem Sie zum Beispiel die Haut von Geflügel entfernen. Durch den Kauf von fettarmem Käse und Magermilchprodukten reduzieren Sie die Aufnahme an gesättigtem Fett auf ein Minimum. Sie müssen nicht auf Rind- und Schweinefleisch verzichten, aber verzehren Sie sie als Teil einer

TÄGLICHE EIWEISSZUFUHR BEI MISCHKOST

60 g Eiweiß täglich nehmen Sie problemlos zu sich, wenn Sie zu jeder Mahlzeit etwas eiweißhaltiges essen. Zum Beispiel:

Frühstück Zwei hart gekochte, mit Omega-3-Fettsäuren angereicherte Eier; Vollkorntoast; Orangensaft

Mittagsmahlzeit Pikante Linsen-Blumenkohl-Suppe (Rezept siehe Seite 124); grüner Salat mit Olivenöl-Balsamico-Dressing; eine Scheibe Röstbrot

Abendessen Schnelles Pfannensteak (Rezept siehe Seite 155); Gebackener Spargel mit Pinienkernen und Blauschimmelkäse (Rezept siehe Seite 135)

Dessert Walnuss-Schokoladen-Kekse (Rezept siehe Seite 174)

herzgesunden Ernährung nur einmal wöchentlich; beachten Sie dabei, dass bestimmte Stücke weniger gesättigte Fette enthalten als andere. Schneiden Sie vor dem Kochen alles sichtbare Fett weg und grillen oder kochen Sie das Fleisch oder braten Sie es in wenig Fett. 85 g Fleisch (etwa so groß wie ein Stapel Spielkarten) sind eine ideale Portionsgröße. Zu den mageren Stücken Rindfleisch, die gut schmecken, gehören Filet, Roastbeef, Steak, Rinderbrust und mageres Rinderhack. Auch von Fett befreites Schweinefilet ist erlaubt, da es weniger Fett enthält als Hähnchenfleisch. Das Problem bei Schweinefleisch ist, dass es neben mageren Stücken auch sehr fette gibt wie Spareribs, Schinken, Speck, die reich an gesättigten Fetten sind. Die magersten und zartesten Stücke stammen aus der Lende und werden am besten gegrillt oder kurz angebraten.

Nahrhafte Nüsse

Nüsse sind ein hervorragender Lieferant für Eiweiß, Folsäure und herzgesunde Öle; allerdings leiden etwa ein bis zwei Prozent der Menschen in Deutschland an einer schweren Nussallergie. Ihr Baby trägt ein höheres Risiko, eine Nussallergie zu bekommen, wenn Sie, sein Vater oder Ihre Geschwister an allergischen Erkrankungen wie Heuschnupfen, Asthma und/oder Ekzemen leiden. Ob Nüsse in der Schwangerschaft verzehrt werden sollten, wird kontrovers diskutiert; wenn Ihr Baby zur Risikogruppe gehört, verzichten Sie besser darauf und essen während der Schwangerschaft und Stillzeit keine Erdnüsse und Erdnussprodukte. Wenn nicht, liefern Erdnüsse herzgesundes Eiweiß, Öle und Folsäure; wenn keine Allergien in der Familie existieren, sollten Sie ruhig zugreifen.

Eiweiß und Aminosäuren

Alle Eiweiße setzen sich aus Aminosäuren zusammen. Aminosäuren sind die Bausteine des Eiweißes; es gibt 23, unterteilt in zwei Sorten – essenzielle und nicht essenzielle. Für Ihre Gesundheit und die Ihres Babys sind alle 23 Aminosäuren erforderlich. Acht Aminosäuren sind essenziell, was bedeutet, dass sie vom Organis-

TÄGLICHE EIWEISSZUFUHR BEI VEGETARIERN

So wird der Eiweißbedarf gedeckt:
Frühstück Nuss-Granola (Rezept siehe Seite 104) mit Vanillejoghurt und Obst
Mittagsmahlzeit Vollkornwraps mit scharfen weißen Bohnen und Gemüse (Rezept siehe Seite 114); Magermilch
Zwischenmahlzeit Nüsse
Abendessen Spaghetti mit Spargel und gerösteten Walnüssen (enthält Käse) (Rezept siehe Seite 144)
Dessert Walnuss-Schokoladen-Kekse (Rezept siehe Seite 174) mit Magermilch

mus nicht hergestellt werden können und mit der Nahrung aufgenommen werden müssen. Die anderen 15 nicht essenziellen Aminosäuren kann Ihr Körper selbst aus den verzehrten Lebensmitteln herstellen. Betrachten Sie die acht essenziellen Aminosäuren wie die Primärfarben rot, gelb und blau. Aus diesen drei Farben können Sie alle Farben herstellen, aber Sie können die Primärfarben aus keiner anderen Farbe gewinnen. Entsprechend können die 15 nicht essenziellen Aminosäuren aus den acht essenziellen Aminosäuren gebildet werden. Nun wissen Sie, dass Ihr Körper in der Lage ist, bestimmte Aminosäuren zu bilden. Um gesund zu bleiben, müssen Sie aber eine bestimmte Menge von allen konsumieren.

Hochwertiges und nicht hochwertiges Eiweiß

Biologisch hochwertiges Eiweiß enthält alle 23 Aminosäuren; nicht hochwertiges Eiweiß kann jedoch in der Ernährung so kombiniert werden, dass ein hochwertiges Protein entsteht. Ihr Körper speichert Aminosäuren aus dem Eiweiß, das Sie zu sich nehmen, daher muss nicht jede Mahlzeit alle 23 Aminosäuren enthalten. Tierische Eiweißlieferanten wie Fleisch, Fisch und Milchprodukte bieten meist vollwertiges Eiweiß. Bei pflanzlichen Eiweißlieferanten wie Samen, Bohnen, Gemüse, Getreide und Nüssen fehlen eine oder mehrere Aminosäuren, die Ihr Körper nicht selbst aufbauen kann.

Eine vegetarische Ernährung ist in der Schwangerschaft unbedenklich, aber Sie müssen darauf achten, genügend Eiweiß zu sich zu nehmen, da vegetarische Quellen weniger Eiweiß aufweisen als tierisches Eiweiß. Sie müssen die Eiweißlieferanten abwechseln, damit Sie sicher alle essenziellen Aminosäuren aufnehmen. Vegetarier sollten sehr abwechslungsreich essen. So ist es wahrscheinlich, dass Sie eine Aminosäure, die in dem einen Nahrungsmittel fehlt, über ein anderes aufnehmen. Verzehren Sie während des Tages verschiedene eiweißhaltige Nahrungsmittel, um mit allen 23 Aminosäuren versorgt zu werden.

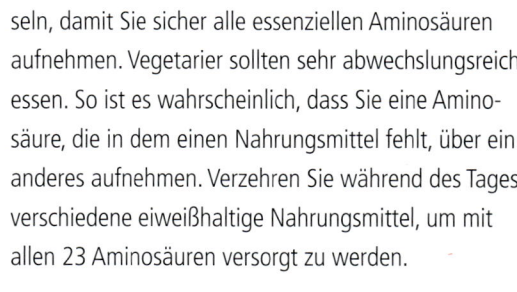

PFANNENGERÜHRTES GEMÜSE Dieses vegetarische Gericht mit pfannengerührtem Pak choi und Paprika mit gebackenem Tofu (Rezept siehe Seite 108) versorgt Sie mit vielen Vitaminen und essenziellen Nährstoffen.

TÄGLICHE FETTZUFUHR

Die Gesamtmenge an Fett, die Sie täglich unbedenklich zu sich nehmen können, entspricht drei Esslöffeln Öl. Im Folgenden finden Sie ein Beispiel für einen Tagesplan. Dabei stammt das meiste Fett aus ungesättigten Quellen; es beträgt bis zu 30 Prozent Ihrer täglichen Kalorienzufuhr. (Fettlieferanten sind kursiv gedruckt.)

Frühstück Eine dünn mit *Butter* bestrichene Scheibe Vollkorntoast, Frühstücksflocken mit Magermilch

Mittagsmahlzeit Eine großzügige Portion Salat mit einem *Olivenöl*-Dressing; bestreut mit etwas fettarmem *Cheddar* und dazu Vollkorn-Röstbrot

Abendessen *Lachs* mit grünem Gemüse und einer mit *Olivenöl* beträufelten Ofenkartoffel

Dessert Eine Kugel fettarmes *Joghurteis*

Die Wahrheit über Fette

Gesunde Fette sind Energielieferanten und Träger für fettlösliche Vitamine und Hormone; sie sollten 25–35 Prozent der Energiezufuhr ausmachen. Manche Fette sind der Gesundheit abträglich, andere sind vorteilhaft. Gesättigte Fette in Fleisch und Milchprodukten können zu hohen Cholesterinwerten, Herzkrankheiten und erhöhtem Risiko für bestimmte Krebsarten sowie Übergewicht beitragen.

Ungesund sind auch sogenannte Transfettsäuren, die in Margarine, Fastfood und industriellen Backwaren enthalten sein können. Versuchen Sie, das meiste Fett in Ihrer Ernährung aus gesunden Fetten zu beziehen, statt sich fettarm zu ernähren. Worauf es ankommt, ist die Art des Fettes, das Sie essen, und dazu müssen Sie »schlechte« Fette durch »gute« Fette ersetzen.

Omega-3-Fettsäuren

Studien zeigen, dass eine mütterliche Kost, die reich an Omega-3-Fettsäuren ist, die Gehirn- und neuronale Entwicklung des Babys in der Schwangerschaft und Stillzeit fördern kann. Fetter Fisch ist die einzige Quelle für alle drei essenziellen Omega-3-Fettsäuren. Sie werden »essenziell« genannt, weil sie vom Körper nicht selbst gebildet werden können, sondern über die Nahrung zugeführt werden müssen. Es gibt drei Haupt-Omega-3-Fettsäuren – alpha-Linolensäure (ALA), Eicosapentaensäure (EPA), Docosahexaensäure (DHA). Problematisch ist, dass viele der daran reichen Fische auch stark mit Quecksilber belastet sind, das dem sich entwickelnden Nervensystem des Babys schaden kann. Aber es gibt zwei Fischsorten – Lachs und Sardellen –, die reich an Omega-3-Fettsäuren sind und wenig Quecksilber aufweisen. Wildlachs ist ideal in der Schwangerschaft, weil er sehr reich an Omega-3-Fettsäuren ist und auch herzgesundes Eiweiß enthält, aber auch Lachs aus Farmen enthält viel davon. Sardellen sind nicht jedermanns Sache, doch vielleicht ändern Sie Ihre Meinung, wenn Sie sie als Zutat verwenden.

Es gibt auch vegetarische Quellen an Omega-3-Fettsäuren. Dazu zählen Leinsamen und -öl, Walnüsse und Rapsöl. Zudem gibt es Eier, die mit Omega-3-Fettsäuren angereichert sind (die Hennen erhalten Leinsamen). Sie sind in der Schwangerschaft ebenfalls empfehlenswert. Beachten Sie, dass Leinsamen gemahlen werden muss, damit der Körper ihn verwerten kann, sonst wird er unverdaut ausgeschieden.

TÄGLICHE EISENZUFUHR

Ein Menü-Vorschlag, wie Sie 15 mg Eisen zusammen mit Nährstoffen, die die Eisenaufnahme fördern, zu sich nehmen: (Eisenlieferanten sind *kursiv* gedruckt.)
Frühstück *Vollkornflocken mit Eisen angereichert*, mit *Datteln*
Mittagsmahlzeit *Erbsensuppe* mit Crackern und Käsewürfeln
Nachmittagsmahlzeit Eine Handvoll *Mandeln* und ein Glas Orangensaft
Abendessen *Steak* mit *Spinat*, Pommes aus Süßkartoffeln und Tomaten

TÄGLICHE FOLATZUFUHR

Hier finden Sie einen Speiseplan, der 300 µg Folat liefert. (Folatquellen sind *kursiv* gedruckt.)
Frühstück *Frühstücksflocken* mit *Erdbeeren*
Mittagsmahlzeit *Avocado* und Käse auf Vollkornsandwich mit *Salat* und Tomate
Nachmittagsmahlzeit *Sonnenblumenkerne*
Abendessen Hähnchen mit *Mangold* und Ofenkartoffeln

Weitere essenzielle Nährstoffe

Sie benötigen während der Schwangerschaft weitere essenzielle Nährstoffe, so genannte Mikronährstoffe, um Ihren Körper zu versorgen und die Entwicklung Ihres Babys zu fördern. Alle sind problemlos mit der Nahrung zuzuführen.

Eisen

Ihr Blutvolumen erhöht sich bis zur Geburt Ihres Babys um 50 Prozent; um dies zu ermöglichen, brauchen Sie mehr Eisen. Folsäure unterstützt zusammen mit Eisen die Bildung roter Blutkörperchen (siehe Folat unten). Die während der Schwangerschaft benötigte Menge Eisen liegt bei 15 mg pro Tag. Bei einer vielseitigen Kost wird der Bedarf meist gedeckt. Eisenmangel kann zu einer Eisenmangel-Anämie führen, die sich in Müdigkeit und Abgespanntheit äußert. Ihr Baby bekommt genug Eisen zur Bildung seiner roten Blutkörperchen und für seine anderen Bedürfnisse, selbst wenn Sie zu wenig Eisen aufnehmen und gespeichert haben; doch dies geschieht auf Ihre Kosten. Die größte Menge an Eisen benötigt das Baby im dritten Trimester; achten Sie in dieser Zeit besonders auf eine eisenreiche Kost.

Eisen liegt in zwei Formen vor: als sogenanntes Häm-Eisen aus Fleisch, Geflügel und Fisch und als sogenanntes Non-Häm-Eisen aus Pflanzen. Häm ist eine eisentragende Substanz, die in Menschen und Tieren vorkommt und von den roten Blutkörperchen gebildet wird. Ihr Körper kann Häm-Eisen leichter aufnehmen als Non-Häm-Eisen. Die Aufnahme des Letzteren wird durch Vitamin C gefördert und durch Phytate (in Getreide und Hülsenfrüchten), Ballaststoffe, Tannine (in Tee und Kaffee) und Kalzium behindert. Wenn Sie zum Beispiel zu einem Ei Orangensaft trinken, wird die Aufnahme des Eisens unterstützt, während Tee oder Kaffee zur gleichen Mahlzeit die Aufnahme behindern.

Folat und Folsäure

Folat ist ein B-Vitamin, das in synthetischer Form als Folsäure hergestellt wird. Es steht inzwischen außer Zweifel, dass eine erhöhte Folatzufuhr in Form von Ergänzungspräparaten (Folsäure) vor der Empfängnis und in den ersten zwölf Schwangerschaftswochen die meisten Neuralrohrdefekte bei Babys verhindert, zum Beispiel Spina bifida. Es wird daher empfohlen, dass Frauen im gebärfähigen Alter täglich ein Präparat mit 400 µg Folsäure einnehmen sollten, da es schwierig ist, diese Menge

TÄGLICHE KALZIUMZUFUHR

Hier finden Sie einen Speiseplan, der 800 mg Kalzium liefert. (Kalziumquellen sind *kursiv* gedruckt.)
Frühstück *Magermilch-Joghurt*, gemischt mit Obst, bestreut mit *Mandeln*. Mit *Kalzium angereicherter Orangensaft*
Mittagsmahlzeit Überbackenes *Cheddar*-Tomaten-Sandwich aus Vollkornbrot
Nachmittagsmahlzeit *Sonnenblumenkerne* und ein Glas *Magermilch*
Abendessen *Tofu* und pfannengerührtes Gemüse

JOGHURT, FRISCHE BEEREN UND NÜSSE Kreieren Sie Ihre eigene leckere Nährstoffbombe.

an zusätzlichem Folat allein über die Nahrung aufzunehmen. Die Bedeutung der erhöhten Folatversorgung vor der Empfängnis und in den ersten Stadien der Schwangerschaft ist so groß, dass in vielen Ländern im Zuge der allgemeinen Gesundheitsvorsorge Getreideprodukte mit Folsäure angereichert sind.

Kombinieren Sie das Folsäurepräparat mit einer folatreichen Ernährung, die 300 µg liefert, sodass Sie auf eine tägliche Menge von 700 µg kommen. Zu den guten Folatquellen zählen die meisten Obst- und Gemüsesorten, Hähnchen, Fisch und angereichertes Getreide. Viele Studien zeigen, dass Folat und Folsäure vielerlei gesundheitlichen Nutzen auch außerhalb der Schwangerschaft zeigen, unter anderem senken sie das Risiko für Herzkrankheiten und Krebs.

Kalzium

Ihr Baby benötigt Kalzium zur Knochenbildung und Kalzium stärkt Ihre eigenen Knochen. Der tägliche Kalziumbedarf beträgt während der Schwangerschaft 800 mg. Kalzium findet sich reichlich in Milchprodukten. Fettarme und Magermilchprodukte enthalten ebenso viel Kalzium wie vollfette, da Kalzium nicht an den Fettanteil der Milch gebunden ist. Wenn man das Fett entzieht, bleibt das Kalzium erhalten; die Abschöpfung des Fetts konzentriert das Kalzium sogar ein wenig. Und da Milchprodukte gesättigte Fette enthalten (die ungesund sind), sollten Sie versuchen, hauptsächlich entrahmte oder fettarme Milchprodukte zu sich zu nehmen. Greifen Sie vor allem zu Magermilch, entrahmtem Joghurt und fettarmem Käse.

Damit das Kalzium aus den Nahrungsmitteln aufgenommen wird, müssen Sie auch ausreichend Vitamin D zu sich nehmen (400 IE, das sind etwa 10 µg). Vitamin D wird durch die Einwirkung des Sonnenlichts in der Haut gebildet; doch manchmal reicht die Sonneneinstrahlung dazu nicht aus. Hinzu kommt, dass die meisten Menschen den Tag über drinnen arbeiten. Auch Sonnenschutzfilter reduzieren die Bildung von Vitamin D. Milchprodukte, z. B. Vollmilch, enthalten Vitamin D.

Vegetarische Kalziumlieferanten Dazu gehören dunkelgrünes Blattgemüse ebenso wie Tofu. Brokkoli und Romanasalat sind gute Lieferanten, genießen Sie einen Salat, über den Sie etwas gehobelten Parmesan als zusätzlichen Kalzium-Kick geben. Sojamilch enthält im Vergleich zu Kuhmilch wenig Kalzium (pro Glas durchschnittlich 80 mg gegenüber 300 mg). Stoffe wie Phytin- oder Oxalsäure, die in den meisten Getreidearten, Samen, Bohnen, Tee, Mangold und Spinat vorkommen, hemmen die Kalziumabsorption; wenn Sie also Ihre Kalziumaufnahme erhöhen wollen, sollten Sie den Verzehr dieser Lebensmittel einschränken.

TÄGLICHE ZINKZUFUHR

Hier finden Sie einen Speiseplan, der 15 mg Zink enthält. (Zinklieferanten sind *kursiv* gedruckt.)

Frühstück *Frühstücksflocken* mit *Rosinen*

Mittagsmahlzeit *Erdnussbutter* und Bananenscheiben auf *Vollkornbrot*

Nachmittagsmahlzeit *Kürbiskerne* und eine Orange

Abendessen *Schweinekotelett*, Apfelmus, Kartoffeln

Zink

Zink ist ein unverzichtbarer Mikronährstoff für Wachstum und Entwicklung in der Schwangerschaft. Schwangere benötigen 50 Prozent mehr Zink, was etwa 15 mg pro Tag entspricht. Zinkmangel wird mit Fehlbildungen, verringertem fetalen Wachstum und Frühgeburten in Verbindung gebracht. Selbst leichter Zinkmangel scheint Komplikationen bei Wehen und Geburt verursachen zu können. Nahrungsmittel tierischer Herkunft, einschließlich Fleisch und Meeresfrüchten, enthalten mehr Zink als pflanzliche Produkte. Auch wenn Gemüse, Nüsse und Vollkorn gute Zinklieferanten sind, kann das Zink vom Körper weniger gut verwertet werden als aus tierischen Produkten (siehe Kalzium Seite 29). Vegetarier können dieses Problem lösen, indem sie größere Mengen dieser Nahrungsmittel verzehren.

Obst und Gemüse

Obst und Gemüse sind unverzichtbar für eine gesunde Ernährung; dabei ist Abwechslung genauso wichtig wie die Menge. Keine Obst- oder Gemüsesorte liefert alle Mikronährstoffe, die Sie und Ihr Baby benötigen. Wenn Sie verschiedene Obst- und Gemüsesorten verzehren, erhalten Sie richtig dosiert auch andere lebenswichtige Mikronährstoffe wie die Vitamine A, C, K und E sowie B-Vitamine (einschließlich Folat und Niacin), Phosphor, Eisen, Kalzium, Zink sowie Ballaststoffe.

GARNELEN SIND EINE GUTE ZINKQUELLE Wenn Sie jedoch eine Allergie gegen Schalentiere haben, müssen Sie auf andere Zinklieferanten zurückgreifen. Nahrungsmittel, auf die Sie allergisch sind, müssen Sie unbedingt meiden, egal wie nährstoffreich sie sind.

Bemühen Sie sich, täglich mindestens fünf Portionen Obst und Gemüse zu verzehren. Eine Obergrenze gibt es nicht. Studien zeigen, dass täglich neun Portionen Obst und Gemüse ideal sind. Obst kann roh oder getrocknet verzehrt werden. Gemüse kann gekocht, roh oder aufgetaut verwendet werden. Empfehlenswert ist auch zu 100 Prozent naturreiner Gemüsesaft. Trinken Sie nur wenig unverdünnten oder reinen Fruchtsaft, weil er viel Zucker und Kalorien enthält. Ernährungsphysiologisch ist es viel besser, die Frucht selbst zu essen, da bei der Saftherstellung ein Großteil der Ballaststoffe und Nährstoffe verloren gehen. Gönnen Sie sich daher nicht mehr als eine Portion Saft am Tag.

Probieren Sie viele Gemüsesorten; dunkelgrünes Blattgemüse ebenso wie gelbes, oranges und rotes Gemüse, und vergessen Sie gekochte Tomaten nicht. Wählen Sie Gemüsesorten in den Regenbogenfarben – sie haben den höchsten gesundheitlichen Wert und bieten vielfältige Geschmackserlebnisse. Essen Sie möglichst viel verschiedenes Obst, auch Zitrusfrüchte, und denken Sie daran, dass Ballaststoffe das beste Mittel gegen Verstopfung sind.

Ballaststoffe

Ballaststoffe, der unverdauliche Teil der Pflanzen, sind wichtig für die Gesundheit. Sie fördern auf natürliche Weise die Verdauung. Zudem sorgen sie für ein längeres Sättigungsgefühl und tragen so dazu bei, die empfohlene Gewichtszunahme in der Schwangerschaft nicht zu überschreiten. Ballaststoffe scheinen auch bei der Regulierung von Diabetes, der Senkung des Cholesterinspiegels und der Vorbeugung vor Herzkrankheiten eine Rolle zu spielen. Sie sollten am Tag zwischen 25 und 35 g Ballaststoffe zu sich nehmen. Das klingt wenig, doch die meisten Menschen verzehren nur, schwanger oder nicht, etwa 15 g, und viele nehmen noch weniger zu sich. Die meisten Obst- und Gemüsesorten enthalten Ballaststoffe.

Wasser

Sie benötigen Wasser zur Erhöhung der Blutmenge in der Schwangerschaft. Ein Teil der Flüssigkeit, die Sie zu sich nehmen, wird auch ins Gewebe eingelagert; daher müssen Sie ziemlich viel trinken. Es gibt keine allgemeingültigen Angaben, durchschnittlich benötigen Sie jedoch sechs bis acht Gläser (à 250 ml) Wasser oder andere Flüssigkeit am Tag. An der Farbe Ihres Urins merken Sie, ob Sie genügend trinken. Wenn er leuchtend gelb ist, sind Sie dehydriert. Ist er hellgelb oder klar, trinken Sie genug. Eine ausreichende Flüssigkeitszufuhr beugt vorzeitigen Wehen, Kopfschmerzen, Nierensteinen, Verstopfung und Hämorrhoiden vor und verringert Schwindelgefühl und Benommenheit.

Weitere Überlegungen

Bestimmt machen Sie sich während der Schwangerschaft Gedanken darüber, ob Ihre Ernährung Ihr Baby mit allem Wichtigen versorgt, vor allem wenn Sie eine besondere Ernährungsform befolgen. Auch allgemeine Gesundheitsempfehlungen wie der Salzgehalt der Speisen bekommen für Sie mehr Bedeutung.

Ernährungsrichtlinien für Veganer

Stellen Sie sicher, dass Sie zu jeder Mahlzeit eine gute Portion Eiweiß essen, und nehmen Sie jeden Nachmittag oder Abend einen Eiweiß-Snack zu sich. Sojamilch liefert etwas zusätzliches Eiweiß; essen Sie außerdem täglich schwarze oder weiße Bohnen, rote Kidneybohnen oder Kichererbsen. Probieren Sie auch verschiedene Linsensorten und verwenden Sie braunen Reis und Vollkornbrot. Knabbern Sie regelmäßig Nüsse und Samen, insbesondere Kürbiskerne, da diese besonders zinkhaltig sind.

Eine vegane Ernährung enthält keine Vitamin-B_{12}-Quelle. Veganer sollten Nahrungsmittel essen, die mit Vitamin B_{12} angereichert sind, wie Hefeextrakt, Gemüsebrühe, Gemüseburger, Sojafleisch, Sojamilch, Pflanzenmargarine sowie Frühstücksflocken.

Um genügend Zink aufzunehmen, knabbern Sie Weizenkeime und streuen Sie sie über mit Zink angereicherte Frühstücksflocken. Viele Eiweißlieferanten, die Sie als Veganer sowieso zu sich nehmen, wie Bohnen, Gemüse, Tofu und Miso, sind auch gute Zinklieferanten.

Salzkonsum

Salz reguliert den Flüssigkeitshaushalt in Zellen und Blut. Während der Schwangerschaft und Stillzeit benötigen Sie mehr Salz als in jeder anderen Phase des Lebens; eine normale Kost enthält jedoch genügend Salz. Während der Schwangerschaft steigt Ihre Blutmenge um 50 Prozent und dazu ist Salz erforderlich. Bis vor wenigen Jahren wurde Frauen geraten, den Salzkonsum einzuschränken, um schwangerschaftsbedingtem Bluthochdruck vorzubeugen. Neue wissenschaftliche Erkenntnisse stützen dies nicht. Eine Einschränkung der Salzaufnahme führt zudem zu keiner Verringerung der Ödeme, die praktisch alle Frauen in unterschiedlichem Umfang während der Schwangerschaft entwickeln. Das meiste Salz in Ihrer Ernährung stammt aus Fertigprodukten und Fastfood, daher verzichten Sie am besten darauf.

GEMÜSESUPPE Eine selbst gemachte Gemüsesuppe ist eine sättigende und leckere Mittagsmahlzeit oder auch eine Vorspeise zum Abendessen. Kochen Sie eine größere Menge auf Vorrat und frieren Sie sie ein.

ZU HAUSE KOCHEN

Die Mahlzeiten planen
Jetzt ist der beste Zeitpunkt, in Ihrer Familie eine gesunde Esskultur einzuführen – für ein Leben lang. Planen Sie am Samstag gemeinsam die Mahlzeiten für eine ganze Woche – Frühstück, Mittagsmahlzeit, Abendessen und Snacks – und notieren Sie alle Zutaten, die Sie nicht vorrätig haben.

Einmal pro Woche einkaufen
Häufige Fahrten zum Supermarkt sind ineffizient. Bei vielen Rezepten in diesem Buch sind eine einfache Zubereitung und frische Zutaten wichtig. Füllen Sie Ihren Vorratsschrank einmal pro Woche auf und kaufen Sie die frischen Lebensmittel nach Bedarf.

Vorratshaltung
In einer gut ausgestatteten Küche sind die Zutaten für nahrhafte Mahlzeiten vorrätig. Es sollte möglich sein, nach der Arbeit in kürzester Zeit eine gesunde Mahlzeit zuzubereiten.

Gesund essen leicht gemacht

Wenn man gesund bleiben und gut essen will, was in der Schwangerschaft besonders wichtig ist, gibt es keine Alternative zum Selberkochen. Der erste und wohl wichtigste Schritt, um zu Hause leckere und gesunde Mahlzeiten zu kochen, ist sorgfältige Planung.

Zu Hause kochen

Selber kochen kann sehr einfach sein und muss nicht länger dauern als eine Fertigpizza zu holen – und es ist billiger. Dieses Buch zeigt Ihnen, wie Sie mit ein wenig Organisation ein Leben lang unkompliziert kochen können. Planen Sie voraus und legen Sie sich einen Vorratsschrank an. Darauf kommt es an: auf die Planung, die Organisation und das Bewusstsein Ihrer sich verändernden Ernährungsbedürfnisse. Selber kochen ist der einzige Weg, lebenslang gesund zu bleiben. So wird das Essen zu einer schönen Erfahrung für die ganze Familie; dabei muss die Zubereitung der Mahlzeiten keineswegs den ganzen Tag beanspruchen.

Wenn Sie zu Hause kochen, geben Sie Ihren Kindern ein positives Beispiel, Sie essen beste Lebensmittel und sparen Geld. Viele wissenschaftliche Studien zeigen, dass Familien, die zusammen essen, harmonischer sind; in ihnen wird mehr Obst und Gemüse gegessen und die Kinder sind in der Schule besser. Wenn Sie vom Babyalter Ihres Kindes an selber kochen, stellen Sie die richtigen Weichen. In kurzer Zeit können Sie eine Menge über Zutaten und grundlegende Kochtechniken lernen.

Die Tipps links außen erleichtern das Kochen zu Hause. Sie geben Richtlinien für einen Speiseplan und den Einkauf, sodass Sie schnell etwas Warmes auf den Tisch bringen und gesunde, köstliche Snacks sowie Lunchpakete zaubern können.

Nahrungsmittel aus biologischem Anbau

Die Verwendung von Nahrungsmitteln aus biologischem Anbau ist eine Möglichkeit, noch gesünder zu essen. Sie werden ohne den Einsatz von Pestiziden oder Biotechnologie angebaut. Biologisch erzeugtes Fleisch, Geflügel, Eier und Milchprodukte stammen von Tieren, die keine Antibiotika und Wachstumshormone bekommen. Der Kauf biologischer Nahrungsmittel kommt auch der Umwelt zugute, da der biologische Landbau den Einsatz erneuerbarer Energien ebenso fördert wie den Schutz von Boden und Wasser. Dies trägt dazu bei, unseren Planeten für künftige Generationen bewohnbar zu erhalten.

> »Essen ist eine schöne und erfüllende Erfahrung für die ganze Familie, und die Zubereitung der Mahlzeiten muss nicht den ganzen Tag dauern.«

Immer mehr Supermärkte bieten inzwischen dank der steigenden Nachfrage eine Palette biologischer Produkte an. Diese weisen die geringsten chemischen Rückstände und Zusätze auf, sind aber teurer als konventionelle Lebensmittel. Obgleich es oft besser schmeckt, ist biologisches Obst und Gemüse nicht immer frei von Makeln. Lassen Sie sich von einem nicht ganz perfekten Äußeren nicht vom Kauf abhalten. Natürlich können Sie auch konventionelle Ware verwenden. Nicht jedes Fleisch ist vollgepumpt mit Antibiotika und nicht jedes Obst und Gemüse mit schädlichen Mengen an Pestiziden belastet. Die meisten Zusätze sind während der Schwangerschaft unbedenklich – schließlich steigen die wenigsten Schwangeren auf biologische Produkte um und bekommen trotzdem gesunde Babys. Der wichtigste Schritt hin zu einer gesunden Ernährung besteht darin, mit Vollkornprodukten und frischem Obst und Gemüse zu kochen. Biologische Produkte können die Basis guter Essgewohnheiten noch ergänzen.

Nahrungsmittel, auf die Sie verzichten sollten

Es gibt einige Vorsichtsmaßnahmen bei der Ernährung, derer Sie sich in der Schwangerschaft bewusst sein sollten. Wenn Sie wissen, welche Nahrungsmittel Sie verzehren und welche Sie weglassen sollten, wird es sowohl Ihnen wie Ihrem Baby prächtig gehen. Im Allgemeinen wird Sie Ihr gesunder Menschenverstand sicher durch die Schwangerschaft leiten (siehe Kasten).

VORSICHTSMASSNAHMEN BEI LEBENSMITTELN

- Listerien sind Bakterien, für die Schwangere besonders anfällig sind. Verzichten Sie auf Fleisch- und Leberpastete sowie vorgekochte oder halbfertige Speisen, sofern Sie sie nicht gründlich erhitzen. Essen Sie keinen Weichkäse aus Rohmilch oder rohe Meeresfrüchte.
- Toxoplasmose ist eine von einem Parasiten verursachte Infektion. Sie kann besonders im ersten Trimester schwere Probleme hervorrufen. Garen Sie Rindfleisch, Schweinefleisch und Lammfleisch immer gut durch.
- Salmonellen-Bakterien können hohes Fieber, Erbrechen, Durchfall und Dehydrierung bei der Mutter verursachen, auch wenn sie dem Baby nicht schaden. Bewahren Sie Ihre Speisen gekühlt auf und verzehren Sie keine Rohmilch-Produkte und rohen Eier.
- Beinahe jeder Fisch enthält Quecksilber, das sich jedoch bei großen Raubfischen anreichert. Meiden Sie Schwertfisch, Hai und Marlin ebenso wie Süßwasserfische. Essen Sie pro Woche nicht mehr als zwei Portionen fetten Fisch wie Thunfisch, Makrele, Sardine und Forelle.
- Trinken Sie täglich nicht mehr als vier Tassen Instant-Kaffee, drei Tassen Filterkaffee oder sechs Tassen Tee (etwa 300 mg Koffein); zu viel Koffein kann beim Baby zu einem niedrigen Geburtsgewicht oder sogar zu einer Fehlgeburt führen. Auch Cola oder Schokolade enthalten Koffein.

Nun sind Sie schwanger; nutzen Sie diese Gelegenheit, um Ihre Ernährung zu überdenken und wirklich gut zu essen. Was Sie dann in der Schwangerschaft essen, liefert Ihnen und Ihrem Baby alle Nährstoffe, die Sie brauchen, um kräftig und gesund zu bleiben und Ihrem Baby einen hervorragenden Start ins Leben zu geben.

Zusammengefasst …
gute Brennstoffe

1 **Schwangerschaft ist etwas völlig Normales** Frauen bekamen gesunde Babys, lange bevor wir etwas über Ernährungswissenschaften wussten.

2 **Ausgewogenheit der Nährstoffe** Nehmen Sie 50–60 Prozent der Kalorienmenge aus Kohlenhydraten, 25–35 aus Fett und 20 Prozent aus Eiweiß auf.

3 **Zählen Sie nicht!** Eine Kost mit einer breiten Vielfalt an gesunden Lebensmitteln liefert Ihnen und Ihrem Baby alle Nährstoffe, die Sie brauchen.

4 **Vollkornprodukte** Die Grundlage Ihrer Ernährung sollten Vollkornprodukte bilden; genießen Sie Weißbrot, weiße Nudeln und weißen Reis nur gelegentlich.

5 **Meiden Sie Fette nicht** Es kommt auf die Art des Fettes an, das Sie verzehren. Essen Sie vor allem gesundes Fett statt eine fettarme Ernährung anzustreben.

6 **Folat oder Folsäure** Erhöhen Sie Ihre Zufuhr an Folat und Folsäure, sobald Sie schwanger werden wollen sowie in den ersten zwölf Schwangerschaftswochen.

7 **Schwelgen Sie in Ballaststoffen** Sie sind länger satt, bekommen keine Verstopfung und nehmen nicht übermäßig zu, wenn Sie viel Obst und Gemüse essen.

8 **Zu Hause kochen** Bereiten Sie Ihre Mahlzeiten selber zu – das ist gesünder und preiswerter! Zudem verringern Sie das Risiko, sich mit Listerien anzustecken.

9 **Die gesamte Palette** Für eine optimale Nährstoffversorgung kochen Sie mit Vollkornprodukten und frischem Obst und Gemüse. Sie können auch Bio-Produkte kaufen.

10 **Kaffee und Alkohol** Täglich eine kleine Menge Koffein und maximal ein- oder zweimal wöchentlich ein oder zwei Einheiten Alkohol sind erlaubt.

WEISSMEHL UND VOLLKORNMEHL

Nehmen Sie täglich mindestens sechs Portionen Vollkornprodukte zu sich und Weißmehl nur gelegentlich.

Vollkornprodukte
Vollkornbrot
Vollkorncerealien
Vollkorncracker
Vollkornnudeln
Vollkorntortillas
Bulgur
Buchweizen
Quinoa
Vollkorngetreideflocken
Vollkorncouscous
Vollkornwaffeln

Hafermehl
Vollkornmehl

Getreide, 1 Portion
½ Vollkornbrötchen
1 Scheibe Vollkornbrot
45 g Frühstücksflocken
85 g gekochter Bulgur
5 Vollkorncracker
½ Vollkornmuffin
125 g Porridge

1 Pfannkuchen (10 cm Durchmesser)
75 g gekochte Nudeln
85 g Reis
1 Tortilla (15 cm Durchmesser)

Weißmehlprodukte
Auszugsmehl (Typ 405)
Weißbrot
sowie
Weißer Reis

Wie viel Gewicht?

Weder Ihnen noch Ihrem Baby tut es gut, wenn Sie die empfohlene Gewichtszunahme überschreiten. Wenn Sie zu viel zunehmen, fühlen Sie sich unwohl und müssen umso mehr wieder abnehmen. Lassen Sie jedoch keine Mahlzeit aus. Ihr Baby bezieht ununterbrochen Glukose aus Ihrem Blut; wenn Sie Ihren Energievorrat nicht regelmäßig nachfüllen, haben Sie selbst zu wenig Energie und es wird Ihnen schwindelig. Essen Sie drei Mahlzeiten täglich und haben Sie Snacks griffbereit.

Kalorien und Zielgewicht

Sie benötigen in der Schwangerschaft je nach körperlicher Aktivität etwa 200 Kilokalorien mehr am Tag. Die empfohlene Gewichtszunahme liegt bei 11,3–15,8 kg für normalgewichtige Frauen. »Normalgewicht« bezieht sich auf einen Body-Mass-Index zwischen 20 und 25. Bei Übergewicht können Sie die Gewichtszunahme auf 6,8 kg beschränken; wenn Sie untergewichtig sind oder Zwillinge erwarten, sollten Sie bis zu 18 kg zunehmen.

Eine Gewichtszunahme von 11,3–15,8 kg verteilt sich auf etwa 1,3–2,7 kg Gewichtszunahme im ersten Trimester und je 2,7–5,4 kg im zweiten und dritten Trimester. Über die 40 Schwangerschaftswochen hinweg sind dies im Schnitt 225–450 g pro Woche.

Konzentrieren Sie sich aber nicht auf die wöchentliche Zunahme. Jeder nimmt auf seine Weise zu; behalten Sie nur das Zielgewicht im Kopf. Diese Richtlinien stellen sicher, dass Sie genügend, aber nicht zu viel zunehmen, um sich und Ihr Baby ausreichend mit Nährstoffen zu versorgen. Ihr Baby hat keinen Nutzen davon, wenn Sie diese Gewichtsgrenzen überschreiten. Studien zeigen zudem, dass Sie leichter Ihr Gewicht vor der Schwangerschaft wiedererlangen, wenn Sie innerhalb dieser Empfehlungen bleiben. Wenn Sie die Obergrenze überschreiten, nimmt das Übergewicht, das Sie behalten werden, exponentiell zu. Der beste Weg, Übergewicht vorzubeugen, besteht darin, mäßig zu essen und aktiv zu bleiben.

> »Jede Frau nimmt auf ihre Weise zu; behalten Sie daher nur das Zielgewicht im Kopf.«

Gewichtszunahme

In der Schwangerschaft das optimale Gewicht zu halten ist ein Balance-Akt. Es ist weder für Sie noch für Ihr sich entwickelndes Baby gut, wenn Sie zu viel oder zu wenig zunehmen. Vielleicht haben Sie während der Schwangerschaft auch ständig Hunger und kämpfen dann wieder mit Übelkeit. Gleichzeitig dürfen Sie jedoch keine Mahlzeit auslassen oder vernachlässigen, um eine vielseitige Nährstoffversorgung zu gewährleisten. Die folgenden Richtlinien helfen Ihnen sicherzustellen, dass Sie und Ihr Baby richtig ernährt werden.

Komponenten der Gewichtszunahme in der Schwangerschaft

Etwa 900 g – 1,3 kg stammen aus Flüssigkeitseinlagerungen, 1,3 – 1,8 kg aus der erhöhten Blutmenge, 450 – 900 g aus der Vergrößerung der Brüste, 900 g – 1,3 kg aus der Vergrößerung der Gebärmutter und 900 g – 1,3 kg vom Fruchtwasser. Beim Geburtstermin wiegt das Baby etwa 2,7 – 4 kg und die Plazenta 450 – 900 g. Somit bleiben nur etwa 1,8 – 2,7 kg an mütterlichem Fett.

EMPFOHLENE GEWICHTSZUNAHME IN DER SCHWANGERSCHAFT

Wenn Sie vor der Schwangerschaft normalgewichtig waren (BMI 20-25) und die empfohlenen 11,3 – 15,8 kg während der Schwangerschaft zunehmen, ist nur ein geringer Teil davon Körperfett. Man bezeichnet diese Zunahme als fettfreie Körpermasse und sie ist weder ungesund noch unattraktiv.

Untersuchungen zeigen, dass Frauen, die während der Schwangerschaft entsprechend ihrem Appetit essen und körperlich aktiv bleiben, durchschnittlich 13 kg zunehmen; dies liegt innerhalb der empfohlenen Werte für normalgewichtige Frauen. Ihr Körper wird Sie führen, daher ist es klug, auf ihn zu hören.

Es gibt viele Komponenten, die zur Gewichtszunahme beitragen. Die schwerwiegendste Komponente ist natürlich das Baby selber; doch das Fruchtwasser, die Wassereinlagerungen im Körper und die vergrößerte Gebärmutter fallen auch stark ins Gewicht, die Brustzunahme und die Plazenta am geringsten. Die oben angeführte Gewichtszunahme gilt für den Zeitpunkt des Geburtstermins.

HEISSHUNGER AUF SCHOKOLADE
Statt diesen Heißhunger mit einer ganzen Tafel Schokolade zu stillen, probieren Sie das Rezept »Erdbeeren in Schokolade« (siehe Seite 173) und trinken gleichzeitig viel.

»Vor 20 Jahren hatte ein Bagel durchschnittlich 7,5 cm Durchmesser, heute ist er 15 cm groß.«

Die richtigen Portionen

Heute sind Mahlzeiten oft »extragroß« und wir haben uns in Restaurants an immer größere Portionen gewöhnt. Leider isst man auch zu Hause immer größere Portionen. Ein Hamburger hatte zum Beispiel vor 30 Jahren 333 Kilokalorien; heute sind es durchschnittlich 590. Vor 20 Jahren hatte ein Bagel etwa 140 Kilokalorien und 7,5 cm Durchmesser, heute kommt er auf 350 Kilokalorien und ist 15 cm groß. Die heutigen Portionsgrößen sind oft die Ursache dafür, dass die Menschen zunehmen.

Hier finden Sie einige Beispiele für »gesunde« Portionen:
- 85 g Fleisch entsprechen der Größe eines Stapels Spielkarten
- 1 Portion Kartoffeln, Reis oder Nudeln entspricht der Größe eines Tennisballs
- 30 g Nüsse sind etwa eine Handvoll

Gute Portionen sind kleine Mengen

Sie sind vielleicht überrascht, wie viele Portionen Sie tatsächlich verzehren – lesen Sie es im Kasten auf Seite 43 nach. Stellen Sie einmal fest, wie eine »richtige« Portion Ihres Lieblingssnacks aussieht, indem Sie sie das nächste Mal genau abwiegen. Sobald Sie einen Blick für die richtige Portionsgröße haben, werden Sie wissen, was zu viel ist.

Gewichtszunahme beschränken

Jede Frau sollte in der Schwangerschaft mindestens 6,8 kg zunehmen. Es ist nicht immer einfach, die Gewichtszunahme entsprechend der Empfehlungen zu begrenzen. Doch Sie wollen natürlich Ihrem Baby einen gesunden Start geben, indem Sie richtig zunehmen.

In der Schwangerschaft müssen Sie mehr Nährstoffe zu sich nehmen; doch eine zu hohe Gewichtszunahme kann zur Geburt eines schwergewichtigen Babys führen, was ein Risikofaktor für spätere Gesundheitsprobleme wie Adipositas, Herzkrankheiten und Diabetes darstellt. Andererseits kann bei einer ungenügenden Gewichtszunahme nicht ausreichend Blut gebildet werden. Dies erhöht das Risiko für ein niedriges Geburtsgewicht des Babys, mit der Folge von Atemproblemen, Herzproblemen und anderen Komplikationen; übertreiben Sie es also nicht mit der Gewichtskontrolle.

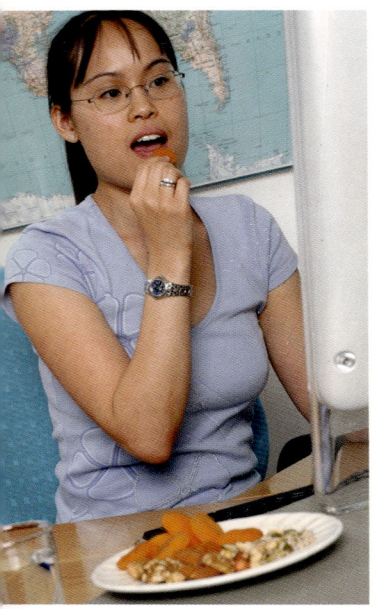

LUST AUF SNACKS Haben Sie bei der Arbeit gesunde Snacks griffbereit, um Hungerattacken abzuwehren. Wenn keine fettreichen, zuckerhaltigen Knabbereien da sind, können Sie auch nicht in Versuchung geführt werden.

Auf gesunde Weise runder werden

Es gibt einige Tricks, um auf gesunde Weise zuzunehmen; sie bewahren Sie davor, einfach nur »dick« zu werden:
- Füllen Sie Ihren Teller mit reichlich Gemüse. So werden Sie nicht nur schneller satt, sondern versorgen sich und Ihr Baby mit vielen Nähr- und Ballaststoffen ohne zusätzliche Kalorienzufuhr.
- Essen Sie kleine Portionen. Eine Portion Rindfleisch, Hähnchen oder Fisch entspricht 85 – 115 g, was nicht viel ist.
- Haben Sie immer einige gesunde Snacks griffbereit und verbannen Sie verführerische Lebensmittel aus Ihrem Haushalt. Schneiden Sie schon im Voraus etwas rohes Gemüse in Scheiben und stellen Sie es in den Kühlschrank; wenn Sie Gelüste bekommen, haben Sie gleich etwas Gesundes griffbereit. Bevorraten Sie eine Flasche mit fettarmem Salatdressing oder fettarmem Hummus zum Dippen.
- Der übermäßige Genuss von Fruchtsäften ist ein Fehler, den viele Schwangere begehen. Säfte sind kalorien- und zuckerreich. Sie enthalten zwar Nährstoffe, doch es ist viel besser, wenn Sie stattdessen die Frucht essen.
- Wenn Sie Lust auf etwas Leckeres haben, achten Sie auf Qualität statt auf Quantität. Genießen Sie ein Stück wirklich gute, hochwertige Schokolade statt eine ganze Tafel zu verzehren.

KALORIENARME KNABBEREIEN

- Blaubeeren
- Karottenstücke
- Selleriestücke
- Gurkenscheiben
- Magermilchjoghurt
- Trauben
- Erdbeeren

Tipps zur stärkeren Gewichtszunahme

Eine unzureichende Gewichtszunahme ist meistens ein Problem für Frauen, die untergewichtig waren, und sie stellt ein Risiko für die Geburt eines zu kleinen Babys oder eine Frühgeburt dar. Steigern Sie die Kalorienzufuhr, indem Sie die Anzahl der Mahlzeiten am Tag erhöhen, zumal zu große Mahlzeiten vielen Frauen, besonders im dritten Trimester, Unbehagen verursachen. Nehmen Sie fünf oder sechs kleinere Mahlzeiten am Tag zu sich; essen Sie mehr Kohlenhydrate, da sie am leichtesten verdaulich sind. Sie können auch kalorienreichere Speisen verzehren, besonders solche mit gesunden Fetten. Bewegung ist auch wichtig, damit Ihr Appetit angeregt wird.

Versuchen Sie Folgendes

- Geben Sie Oliven- oder Rapsöl auf Kartoffeln, in Dips, zu Gemüse, Bohnen und Suppen
- Legen Sie eine Scheibe Käse auf Ihren Hamburger oder Ihr Sandwich
- Reiben Sie Parmesan über Spaghetti, Pizza und Aufläufe
- Mischen Sie Käse in Salate, Suppen oder Chilis
- Träufeln Sie Olivenöl auf Brot und streuen Sie Nüsse über Salate
- Naschen Sie Nüsse, Trockenobst und Avocados

PORTIONSGRÖSSEN BEIM ESSEN AUSSER HAUS

Meiden Sie Buffets – es ist beinahe unmöglich, dabei die Portionen zu kontrollieren. Scheuen Sie sich nicht, im Restaurant eine kleinere Portion zu bestellen. Oder bitten Sie um ein Gefäß, um Reste mitnehmen zu können. Nehmen Sie dann sofort beim Servieren einen Teil weg. Hier finden Sie einige Beispiele für Portionsgrößen:

Eine Portion Getreide entspricht:
- 75 g Hafermehl
- 45 g Frühstücksflocken
- 75 g gekochten Nudeln
- ½ Muffin
- 1 Scheibe Brot

Eine Portion Gemüse entspricht:
- 60 g Salat
- 85 g gekochtem Gemüse
- 175 ml Gemüsesaft

Eine Portion Obst entspricht:
- 1 mittelgroßen Stück Obst (Apfel, Birne, Pfirsich, Banane, Orange)
- 85 g klein geschnittenem gekochtem oder Dosenobst, zum Beispiel Apfelmus oder Fruchtsalat
- 175 ml Fruchtsaft

Eine Portion Milchprodukte entspricht:
- 240 ml Milch oder Joghurt
- 45 g Käse

Eine Portion Fleisch oder dicke Bohnen entspricht:
- 60–85 g gekochtem mageren Fleisch, Geflügel oder Fisch
- 85 g gekochten Bohnen
- 125 g Tofu
- 75 g Soja oder Gemüseburger
- 1 Ei
- 2 Esslöffeln Erdnussbutter
- 45 g Nüsse

WER SOLLTE SPORT MEIDEN?

Manche Frauen sollten in der Schwangerschaft keinen Sport treiben. Dazu gehören Frauen mit
- Herz- oder Lungenkrankheiten
- Gebärmutterhalsschwäche
- anhaltenden Blutungen im zweiten oder dritten Trimester.

Bewegung und Sport

Zu lange hat man schwangeren Frauen geraten, für zwei zu essen und ihre körperliche Aktivität einzuschränken. Das hat zu Übergewicht beigetragen. Schwangere Frauen sind gesund und dynamisch und die meisten können gut Sport treiben.

Sport während der Schwangerschaft verbessert Ihren Gesundheitszustand, beugt Gewichtsproblemen vor, lindert die Beschwerden, die die Schwangerschaft mit sich bringen kann und hat keine direkte Auswirkung – weder positiv noch negativ – auf Ihr Baby. Aber natürlich kommt es einem Baby zugute, wenn seine Mutter gesund ist. Schwangere ohne medizinische oder gynäkologische Komplikationen können den Empfehlungen, die für die meisten Erwachsenen gelten, folgen. Sie lauten, möglichst täglich mindestens 30 Minuten mäßige Bewegung auszuüben. Wenn Ihnen schwindlig ist oder Sie kurzatmig sind, hören Sie auf. So lange Sie genug trinken, bedeutet die vom Sport hervorgerufene Erwärmung des Körpers keine Gefahr für das Baby.

Vernünftig trainieren

Aktivität während der Schwangerschaft ist die beste Möglichkeit, Ihre Gewichtszunahme in einem gesunden Rahmen zu halten. Natürlich gibt es einige Zugeständnisse, die Sie aus Sicherheitsgründen machen müssen. Beachten Sie die folgenden Hinweise:

- Meiden Sie Whirlpools und Saunen. Ihr Kreislauf arbeitet bereits auf Hochtouren, indem er eine größere Menge Blut durch Ihren Körper pumpt. Die Hitze in der Sauna oder im Pool bedeutet eine noch größere Belastung des Herzens, was zu Ohnmacht führen kann.
- Meiden Sie im zweiten und dritten Trimester Sportarten, bei denen die Gefahr eines Schlags auf den Bauch besteht. Dazu gehören Fußball, Hockey und Basketball sowie Sportarten mit Sturzrisiko wie Skifahren, Inlineskaten und Reiten.
- Legen Sie sich im zweiten und dritten Trimester zum Üben nicht flach auf den Rücken. Dabei wird die untere Hohlvene zusammengedrückt und die Blutzufuhr zum Fetus reduziert. Dies gilt für bestimmte Stellungen beim Gewichttraining, Yoga und Pilates; suchen Sie einen Lehrer, der Schwangerschaftskurse anbietet.
- Es gibt keine Grenzwerte, oberhalb derer intensives Training eindeutig schadet. Seien Sie jedoch vorsichtig und trainieren Sie nicht bis zur Erschöpfung. Schwangere, die intensiv Sport betreiben, sollten vom Gynäkologen genau überwacht werden.

»Sport hat keine direkte Auswirkung – weder positiv noch negativ – auf Ihr Baby. Aber es kommt einem Baby zugute, wenn seine Mutter gesund ist.«

SANFTES TRAINING Wenn Sie in der Schwangerschaft zum Beispiel Yoga oder Pilates ausüben, besprechen Sie mit Ihrem Kursleiter, welche Übungen unbedenklich sind.

Einer der Punkte, über den sich schwangere Frauen die meisten Sorgen machen, ist die Gewichtszunahme. Es ist wichtig, fit und gesund zu bleiben und das individuell richtige Gewicht zuzulegen. In diesem Kapitel haben Sie viele Informationen über die Ge- und Verbote der Gewichtszunahme in der Schwangerschaft erhalten und die Checkliste unten liefert einen schnellen Überblick, wenn Sie sich irgendwo unsicher sind.

Zusammengefasst ...
wie viel Gewicht

1 **Sie benötigen täglich 200 Kilokalorien mehr** (im dritten Trimester). Wenn Sie richtig zunehmen, ermöglichen Sie Ihrem Baby einen gesunden Start.

2 **Lassen Sie niemals Mahlzeiten aus** Wenn Sie Ihre Energiespeicher nicht regelmäßig nachfüllen, haben Sie keine Energie und es könnte Ihnen schwindelig werden.

3 **Sie müssen sich nicht** auf Ihre wöchentliche oder monatliche Gewichtszunahme konzentrieren. Behalten Sie nur Ihr Zielgewicht im Kopf.

4 **Beugen Sie Übergewicht** im späteren Leben vor, indem Sie mäßig essen, aktiv bleiben und darauf achten, in der Schwangerschaft nicht zu viel zuzunehmen.

5 **Zählen Sie keine Kalorien,** aber achten Sie auf die Portionsgrößen. Im Restaurant verzichten Sie auf übergroße Portionen, Buffets und andere üppige Schlemmereien.

6 **Füllen Sie Ihren Teller mit viel Gemüse** Dies sättigt nicht nur, sondern liefert Ihnen und Ihrem Baby zusätzliche Nähr- und Ballaststoffe.

7 **Um bei Untergewicht die Gewichtszunahme** zu steigern, nehmen Sie täglich sechs oder sieben kleinere Mahlzeiten zu sich und essen mehr Kohlenhydrate.

8 **Sport treiben während der Schwangerschaft** verbessert Ihren Gesundheitszustand, hilft Ihnen Ihr Gewicht im Griff zu behalten und lindert Beschwerden.

9 **Meiden Sie heiße Whirlpools und Saunen,** im zweiten und dritten Trimester Sport, bei dem das Risiko eines Schlags auf den Bauch besteht, und Übungen in Rückenlage.

10 **Fruchtsaft ist kalorien- und zuckerreich,** trinken Sie ihn daher nur in geringer Menge. Er enthält Nährstoffe, die Sie besser durch den Verzehr der Frucht zu sich nehmen.

DAS GEWICHT KONTROLLIEREN

Was ist richtig für Sie?

Damit Sie Ihre Gewichtszunahme während der Schwangerschaft im Griff behalten, müssen Sie wissen, welche Art von Stoffwechsel Sie vor der Schwangerschaft hatten:

- Wenn Sie einen sehr schnellen Stoffwechsel haben, müssen Sie Ihre Zufuhr an nährstoffreichen, gesunden Nahrungsmitteln zusätzlich erhöhen, um die Geschwindigkeit, mit der Sie Energie verbrennen, auszugleichen.
- Wenn Sie einen langsamen Stoffwechsel haben und befürchten, zu viel zuzunehmen, ist es völlig unbedenklich, Sport zu treiben.

Jeder nimmt auf etwas andere Weise in der Schwangerschaft zu. Behalten Sie Ihr Zielgewicht im Kopf, aber machen Sie sich nicht verrückt.

Erstes Trimester

Das erste Trimester ist entscheidend für die Entwicklung Ihres Babys, weil nun die Anlagen aller wichtigen Organe – Gehirn, Herz, Kreislaufsystem, Lunge, Fortpflanzungsorgane und Blase – gelegt werden. Entstanden aus einem winzigen Zellknäuel wird am Ende des ersten Trimesters der Fetus erkennbar. Auch Ihr eigener Körper verändert sich dramatisch und für viele Frauen ist das erste Trimester eine körperlich beschwerliche Zeit.

> »Entstanden aus einem winzigen Zellknäuel wird am Ende des ersten Trimesters der Fetus erkennbar.«

Ihr Körper

Im ersten Trimester gibt es bestimmte Zeitfenster, in denen Sie die Entwicklung Ihres Babys sowie Ihre eigene Gesundheit und Ihr Wohlbefinden durch Ihre Ernährung und Lebensweise optimieren können. Schon zu Beginn der Schwangerschaft, noch bevor Sie zugenommen haben, werden Sie Veränderungen feststellen. Zu den ersten Anzeichen gehören Übelkeit, Kurzatmigkeit und Blähbauch; vielleicht fühlen Sie sich auch müde – manche Frauen schlafen nachts zwölf Stunden und nach Möglichkeit tagsüber nochmal zwei Stunden. Durch die hormonellen Veränderungen können die Brüste größer und empfindlich werden, da sich die Milchdrüsen vermehren. Solche Hormone können auch die Talgsekretion Ihrer Haut erhöhen, manche Frauen bekommen Akne. Die wachsende Gebärmutter drückt auf die Blase und Sie müssen häufig zur Toilette. Manche Frauen haben jedoch gar keine Symptome und fühlen sich hervorragend.

Äußerlich hat sich Ihr Körper kaum verändert. Doch der kleine Strich in Ihrem Schwangerschaftstest, der das Schwangerschaftshormon hCG (humanes Chorion-Gonadotropin) im Blut nachweist, bedeutet, dass sich große Veränderungen vollziehen. Puls und Blutmenge erhöhen sich bis zum Ende des ersten Trimesters um 10–15 Prozent. Dieser Anstieg erfordert eine erhöhte Flüssigkeitszufuhr sowie zusätzliches Eisen und Folsäure. Wenn sich die Blutmenge erhöht, treten vielleicht Ihre Venen deutlicher hervor, besonders an Bauch, Brüsten und Beinen. Brüste und Gebärmutter vergrößern sich; dieses Wachstum erfordert zusätzliches Eiweiß in der Ernährung. Wenn dies Ihre erste Schwangerschaft ist, sieht man sie Ihnen vermutlich noch nicht an. Nachfolgende Schwangerschaften sind früher sichtbar, weil Muskeln und Bänder nicht mehr so fest sind.

Von der Eizelle zum Baby

Etwa am 14. Tag des Menstruationszyklus findet der Eisprung statt. Das Ei wird aus dem Eierstock freigesetzt und ist etwa 24 Stunden lang fruchtbar: Gelangt in dieser Zeit Sperma in den Eileiter, findet eine Befruchtung statt. Aus der Eizelle und der Spermazelle entsteht der Embryo, er wächst und wandert durch den Eileiter.

Vier Tage nach dem Eisprung besteht dieser winzige Embryo aus 16 Zellen und gelangt in die Gebärmutter. Die Zellen nisten sich in die Schleimhaut der Gebärmutter ein; innerhalb von drei Tagen sind sie voll implantiert. Am siebten Tag nach der Empfängnis besteht der Embryo, Blastozyt genannt, aus 100 Zellen. Nun ist humanes Chorion-Gonadotropin (hCG) in einem Bluttest nachweisbar und zwei Wochen nach dem Eisprung auch in einem Schwangerschaftstest für zu Hause.

FOLATREICHE CASHEW-KERNE
In den ersten Wochen der Schwangerschaft, wenn der Fetus erst ein Zellknäuel ist, endet jede fünfte Schwangerschaft mit einer Fehlgeburt. Wenn Sie ausreichend Folat zu sich nehmen, beugt dies der Fehlgeburt eines chromosonal normalen Embryos vor.

Die Natur macht es richtig

Viele frühe Embryonen gehen während der ersten Schwangerschaftswochen als Fehlgeburt ab. Eine von fünf Schwangerschaften endet mit einer Fehlgeburt, dem natürlichen Selektionsprozess der Natur. Ihr Verhalten hat darauf kaum Einfluss, weil die meisten dieser Embryonen von Anfang an starke Fehlbildungen hatten. Chromosonal normale Embryonen gehen kaum ab, wenn Sie genügend Folat zu sich nehmen; denken Sie aber daran, dass es auch viele andere Gründe für eine Fehlgeburt gibt.

Hunger und Übelkeit

In der Frühschwangerschaft braucht Ihr Körper höchstens 100 Kilokalorien am Tag zusätzlich; vielleicht haben Sie häufig Hunger oder Sie leiden unter Übelkeit. In der siebten oder achten Woche begleitet die »morgendliche« Übelkeit drei Viertel aller Frauen zu jeder Tageszeit.

Ihr Flüssigkeitsbedarf ist erhöht; trinken Sie also reichlich Wasser, vor allem, wenn Sie stark erbrechen müssen. In der zehnten Woche lässt die Übelkeit oft etwas nach. In der zwölften Woche schiebt sich die wachsende Gebärmutter nach oben und vorne. Das hat den Vorteil, dass sie nun nicht mehr so stark auf die Blase drückt. Genießen Sie diese Phase, denn im dritten Trimester wird die Gebärmutter so groß, dass sie wieder auf die Blase drückt. Die Übelkeit lässt nun in der Regel nach und Sie sind weniger müde. Kopfschmerzen und Schwindel können wegen des erhöhten Blutvolumens häufig auftreten. Im ersten Trimester entwickelt der Fetus alle Körperteile – von den lebenswichtigen Organen bis zu den Gliedmaßen. Das Herz ist das erste Organ, das sich ausbildet, bald nachdem sich das Ei in der Gebärmutter eingenistet hat. Einige Wochen später funktioniert es bereits vollständig. Das frühe Rückgrat des Embryos wölbt sich vier Wochen nach der Empfängnis zu einem Rohr (die Neuralröhre). In diesem Trimester wächst der Fetus

> »In der zwölften Woche schiebt sich die Gebärmutter nach oben und vorne. Sie drückt nun nicht mehr so stark auf die Blase und Sie müssen nicht mehr so oft zur Toilette.«

von einem im Mikroskop kaum sichtbaren Punkt auf acht Zentimeter Länge und wiegt etwa 45 Gramm.

In der sechsten Woche ist der Embryo etwa so groß wie eine Kidney-Bohne. Er hat Arm- und Beinknospen, und alle wichtigen Organsysteme sind angelegt. Das Gehirn beginnt sein rapides Wachstum. Nun können Sie die neuronale und die Gehirnentwicklung Ihres Babys fördern, indem Sie viel Omega-3-Fettsäuren essen (Vorschläge finden Sie auf Seite 27).

In der achten Woche sind Augenhöhlen und Ohren ansatzweise vorhanden, kleine Arme und Beine mit winzigen Fingern und Zehen werden erkennbar. Die Vernetzung des Nervensystems schreitet voran und der Fetus fängt an, sich zu bewegen. Die Plazenta beginnt sich zwischen der achten und zehnten Woche zu bilden. Nun braucht Ihr Baby Glukose als Brennstoff, die Sie ihm durch Ihre Kohlenhydrataufnahme liefern. Kohlenhydrate gelangen in Form von Glukose über die Plazenta zu Ihrem Baby. Ihr Blut vermischt sich niemals mit dem Blut Ihres Babys; dies verhindert eine dünne Membran zwischen Ihrem Blutkreislauf und der Plazenta. Der Austausch von Sauerstoff, anderen Nährstoffen und Abfallprodukten findet ebenfalls hier statt.

ERNÄHRUNGS-ZEITFENSTER

Gehirn- und neuronale Entwicklung

Gehirn und Wirbelsäule des Babys entwickeln sich aus dem Neuralrohr, das sich aus einer Gewebefalte bildet und etwa vier Wochen nach der Empfängnis zu einem Rohr schließt. Wenn sich dieses Rohr nicht richtig verschließt, kann es zu schweren Fehlbildungen kommen, bekannt als Neuralrohrdefekte; zu diesen zählen Spina bifida (Öffnungen in der Wirbelsäule) und Anenzephalie (wenn ein Großteil des Gehirns fehlt und das Leben nicht aufrechtzuerhalten ist). Je nachdem, wo der Neuralrohrdefekt auftritt, kann die Folge eine geistige Behinderung und/oder Lähmung sein. Studien zeigen, dass eine Ernährung mit ausreichenden Mengen an dem Vitamin B Folat (oder Folsäure, die synthetische Form des Folats) das Auftreten von Neuralrohrdefekten signifikant senken kann. (Weitere Informationen über Folat und Folsäure finden Sie auf Seite 28.)

Der richtige Zeitpunkt

Der Verschluss des Neuralrohrs ist sechs Wochen nach der letzten Periode abgeschlossen; daher ist es so wichtig, dass die Ernährung von Anfang an genügend Folat enthält. Die meisten Frauen wissen erst ein oder zwei Wochen nach Ausbleiben der Periode, dass sie schwanger sind – frühestens; und das Neuralrohr schließt sich schon zwei Wochen nach der ausgebliebenen Periode (vier Wochen nach der Empfängnis). Daher ist es sehr sinnvoll, die Folatzufuhr zu erhöhen, sobald Sie schwanger werden wollen.

Annähernd 70 Prozent aller Frauen im gebärfähigen Alter nehmen nicht die empfohlene Menge Folat auf. Dabei wäre dies über die Ernährung gut möglich, wenn man weiß, welche Nahrungsmittel viel davon enthalten. Um ganz sicher zu gehen, dass Sie auch die Phase zwischen Empfängnis und Feststellung der Schwangerschaft abdecken, nehmen Sie entweder ein Folsäurepräparat oder machen Sie sich den Folatgehalt aller Nahrungsmittel, die Sie essen, bewusst. Um Neuralrohrdefekten vorzubeugen, ist eine tägliche Menge von 400 µg erforderlich; diese Menge entspricht der empfohlenen Menge für alle Erwachsenen.

Folatquellen

Zu den guten Folatlieferanten gehören grünes Blattgemüse (Spinat, Kohl, Mangold, Grünkohl, Rübenkraut), anderes Gemüse, Nüsse und Zitrusfrüchte. Bei der Zubereitung in der Mikrowelle wird mehr Folat zerstört als bei anderen Garmethoden; Folat geht bei hohen Temperaturen und viel Kochwasser verloren.

Folsäure gibt es als Präparat oder in Form von angereicherten Lebensmitteln wie Cerealien. Bestimmte Arzneimittel, wie Antikrampfmittel, können in Verbindung mit Alkohol und Zigaretten die Verwertung von Folat oder Folsäure beeinträchtigen. Folat schützt vermutlich vor Herzinfarkt, Schlaganfall, Krebs und Diabetes, daher profitiert jeder, nicht nur schwangere Frauen, von einer erhöhten Zufuhr.

Häufige Beschwerden

Jedes Trimester hat seine typischen Auswirkungen auf Ihren Körper. Die folgende Übersicht erklärt Ihnen, was Sie zu erwarten haben und was normal ist. Und Sie finden praktische Lösungen, um die Auswirkungen abzumildern.

Übelkeit

Das Kennzeichen des ersten Trimesters, die Übelkeit, veranlasst viele Frauen, einen Schwangerschaftstest zu machen. Morgendliche Übelkeit kann, trotz ihrer Bezeichnung, zu jeder Tageszeit auftreten. Es gibt aber auch Frauen, die niemals unter Übelkeit leiden. Andere sind dagegen richtig lahmgelegt, nehmen sogar ab und brauchen eine intravenöse Therapie. Wegen Übelkeit fühlen sich drei Viertel der Frauen krank; dabei hat die Übelkeit keine Auswirkungen auf die Gesundheit oder die normale Schwangerschaft. Niemand weiß genau, was dafür verantwortlich ist, dass Frauen so unterschiedlich davon betroffen sind. Folgendes wissen wir: Das Hormon Progesteron verlangsamt die Verdauung, sodass Nahrung länger im Magen verweilt und langsamer durch den Körper gelangt. Das Hormon hCG (humanes Chorion-Gonadotropin) ist ebenfalls beteiligt, denn Schwangerschaften mit einem hohen hCG-Spiegel, wie bei Zwillingen oder Mehrlingen, gehen häufig mit starker Übelkeit einher. Aber es gibt keinen bestimmten hCG-Spiegel, ab dem Frauen an Übelkeit leiden. Von zwei Frauen mit dem gleichen hCG-Spiegel kann eine an Übelkeit leiden und die andere nicht. Und nicht zuletzt haben Frauen mit starker Übelkeit beste Aussichten auf eine problemlose Schwangerschaft, selbst wenn sie dadurch anfangs abnehmen. Frauen mit morgendlicher Übelkeit haben seltener Fehl- und Frühgeburten. Doch auch viele Frauen ohne Übelkeit erleben eine völlig

MITTAGSMAHLZEIT Je nachdem, worauf Sie Lust haben, kann das Mittagessen auch einem Frühstück ähneln. Essen Sie, was Sie mögen, solange es reich an Nährstoffen, Omega-3-Fettsäuren und Folat ist.

KANDIERTER INGWER Wissenschaftliche Studien belegen, dass der Verzehr von Ingwer über mindestens vier Tage hinweg die Übelkeit mindern kann. Lutschen Sie entweder kandierten Ingwer, reiben Sie etwas frischen Ingwer in einen Zitronen-Ingwer-Tee oder mixen Sie ihn in ein nährstoffreiches Mixgetränk.

normale Schwangerschaft – keine Angst, wenn Sie sich blendend fühlen. Also: Wenn Ihnen wirklich übel ist, machen Sie sich deswegen nicht zu viele Sorgen. Sie werden sehr wahrscheinlich mit einer problemlosen Schwangerschaft belohnt.

Bei manchen Frauen können Übelkeit und Erbrechen so stark sein, dass es zur Dehydrierung kommt und eine intravenöse Flüssigkeitszufuhr, verbunden mit einer Medikation, notwendig wird; doch das ist ziemlich selten. Bei den meisten Frauen genügen einige einfache Ernährungsmaßnahmen. Übelkeit verschlimmert sich normalerweise bei leerem Magen; sie wird besser, wenn Sie konstant kleine Mengen geschmacksneutraler Kohlenhydrate wie Nudeln, Reis, Kartoffeln und Cracker über den Tag verteilt zu sich nehmen.

Atemnot

Die Schwangerschaftshormone haben Einfluss auf das Atemzentrum im Gehirn, und Sie fühlen sich schon im ersten Trimester kurzatmig. Sie atmen in der Schwangerschaft genauso schnell wie sonst, aber der Atemmechanismus verändert sich, sodass Sie tiefer einatmen. Dadurch gelangt zusätzlicher Sauerstoff zu Ihrem Baby. Mit fortschreitender Schwangerschaft wird das Zwerchfell durch die sich vergrößernde Gebärmutter nach oben geschoben; die meisten Frauen finden, dass sich das Gefühl der Atemnot verschlimmert. Das ist normal; häufige, kleine Mahlzeiten erleichtern das Atmen etwas.

Empfindlichkeit der Brüste

Die meisten Frauen stellen gleich zu Beginn der Schwangerschaft fest, dass ihre Brüste empfindlich sind. Dieses Symptom kann mit dem Spannungsgefühl in den Brüsten beim prämenstruellen Symptom verwechselt werden. Diese Empfindlichkeit ist bei der ersten Schwangerschaft meist am stärksten ausgeprägt und tritt in folgenden Schwangerschaften nicht mehr so stark zutage. Ihre Brüste können sich im ersten Trimester auch vergrößern, was dann im zweiten Trimester wieder nachlässt. Dieses Nachlassen der Empfindlichkeit, in Verbindung mit dem Nachlassen der Übelkeit, lässt Frauen oft befürchten, dass sie nicht mehr schwanger sind. Lassen Sie sich nicht täuschen. Es ist normal, dass man sich am Ende des ersten Trimesters allmählich besser fühlt.

Tipps für die Mahlzeiten

Für die viel beschäftigte Frau kann das Essen im ersten Trimester eine eher lästige Pflicht sein. Sie haben vielleicht kaum Appetit; doch mit ein wenig Planung nehmen Sie alle benötigten Nährstoffe zu sich.

Frühstück

In der Frühschwangerschaft haben Sie morgens vielleicht wenig Appetit. Planen Sie schon am Abend zuvor Ihr Frühstück, sodass Sie morgens, wenn Sie in Eile oder noch verschlafen sind, nicht groß darüber nachdenken müssen. Sie sind keineswegs an die traditionellen Frühstücksspeisen wie Toast, Müsli oder Eier gebunden. Sie können am Abend zuvor auch ein nährstoffreiches Frühstück »zum Mitnehmen« einpacken.

Zwischenmahlzeiten

Zwischenmahlzeiten sind im ersten Trimester wichtig, um Übelkeit zu mindern und die Ernährung zu optimieren; der Verzehr vieler kleiner Snacks, über den Tag verteilt, erleichtert eine gesunde Ernährung. Wenn es Ihnen schlecht geht, greifen Sie zu geschmacksneutralen Kohlenhydraten.

MIXGETRÄNKE Sehr appetitanregend und lecker sind diese folat- und kalziumreichen Getränke (Rezepte siehe Seite 176); Grenzen setzt Ihnen nur Ihre Kreativität. Verwenden Sie fettarmen Joghurt zum Kaloriensparen oder vollfetten, wenn Sie zunehmen wollen.

Mittagessen außer Haus

Wenn Sie das Mittagessen außer Haus einnehmen, fragen Sie nach Zubereitungsmethoden, die Ihrem Geschmacksempfinden entgegenkommen. Sie können zum Beispiel ein Nudelgericht bestellen und bitten, dass es nur mit etwas Olivenöl beträufelt wird und man Ihnen den geriebenen Käse extra dazu reicht. Bestellen Sie eine Ofenkartoffel, auf die Sie ein wenig Butter oder Olivenöl geben. Verzichten Sie auf frittierte Speisen und Rindfleisch. Salate belasten möglicherweise Ihren Magen.

Abendessen zu Hause

Nudeln oder weißer Reis mit ein wenig Sauce, Butter oder Olivenöl sind eine gute Wahl. Probieren Sie »Weißen Reis mit roter Sauce« (siehe Seite 143) oder »Couscous mit Olivenöl und Petersilie« (Seite 133), um Ihren Magen zu besänftigen. Auch »Kartoffelbrei mit Olivenöl und gebratenem Knoblauch« (Seite 134) ist gut, aber lassen Sie im ersten Trimester den Knoblauch weg. Wenn Ihnen nicht zu schlecht ist, probieren Sie »Spaghetti mit Spargel und gerösteten Walnüssen« (Seite 144) – reich an Folat und Omega-3-Fettsäuren.

Jetzt, da Sie wissen, dass Sie tatsächlich schwanger sind, können Sie sich an diesen neuen Zustand gewöhnen und entsprechend essen. Ihr Baby entwickelt sich schnell und es bilden sich lebenswichtige Organe. Diese Zusammenfassung zeigt Ihnen die wichtigsten Punkte auf und erklärt, wie Sie mit den Anforderungen des ersten Trimesters zurechtkommen. Wenn Sie wenig Zeit haben, erspart Ihnen dies, das Kapitel nochmal zu lesen.

Zusammengefasst …
das erste Trimester

1 **Eine deutliche Veränderung** Obwohl sich Ihr Körper so früh in der Schwangerschaft äußerlich kaum verändert hat, vollziehen sich im Inneren riesige Veränderungen.

2 **Folat und Folsäure** Erhöhen Sie Ihre Folatzufuhr oder nehmen Sie ein Folsäurepräparat, sobald Sie schwanger werden wollen.

3 **Die Natur nimmt ihren Lauf** Jede fünfte Schwangerschaft endet sehr früh mit einer Fehlgeburt. Trösten Sie sich damit, dass missgebildete Embryonen spontan abgehen.

4 **Das Beste für die Entwicklung** Im ersten Trimester können Sie die Entwicklung Ihres Babys und auch Ihre eigene Gesundheit durch Ihre Ernährung und Lebensweise optimieren.

5 **Übel oder nicht** Schwere Übelkeit (die zu einem Verlust von zehn Prozent des Körpergewichts führt) oder keine Übelkeit sind kein Grund zur Sorge. Das Baby ist gesund.

6 Bekämpfen Sie Übelkeit Essen Sie wenig und oft, halten Sie sich an trockene Kohlenhydrate; frischer oder kandierter Ingwer kann die Übelkeit im ersten Trimester mindern.

7 Atemnot Kleine, häufige Mahlzeiten lindern das Gefühl der Atemnot, das durch den veränderten Hormonspiegel entsteht.

8 Nachlassen der Beschwerden Wenn Übelkeit und Brustspannen am Ende des ersten Trimesters nachlassen, bedeutet das nicht, dass Sie nicht mehr schwanger sind.

9 Planen Sie voraus Das Planen und Vorbereiten des Frühstücks am Abend zuvor kann Ihnen das Frühstücken erleichtern, trotz möglicher Übelkeit.

10 Sagen Sie, was Sie wollen Wenn Sie auswärts essen, rufen Sie zuvor im Restaurant an, um sicherzugehen, dass Mahlzeiten entsprechend Ihren Wünschen zubereitet werden.

IM RESTAURANT ESSEN

Vielleicht stellen Sie fest, dass es im ersten Trimester keine gute Idee ist, auswärts zu essen. Je müder Sie werden, umso übler ist es Ihnen oft. Wenn Sie essen gehen müssen, wählen Sie ein Restaurant, in dem Sie ein einfaches Nudel- oder Reisgericht nach Ihren Wünschen bekommen, mit nur etwas Öl oder Butter und den Käse extra. Probieren Sie es mit einem Stück gegrilltem Hähnchenfleisch und verzichten Sie auf Rindfleisch und Fisch. Eine Bouillon kann den Magen beruhigen, aber verzichten Sie auf Cremesuppen, die den Magen belasten. Als Dessert bestellen Sie eine kleine Portion oder frisches Obst.

Dieses Gericht (Omelett mit Spargel und Gruyère, siehe Seite 92) ist lecker als Vorspeise oder Hauptgericht. Eier, Käse und Spargel besitzen viele verschiedene Nährstoffe.

Zweites Trimester

Das zweite Trimester ist die schönste Zeit der Schwangerschaft. Ihr Energiepegel steigt, Ihre Geschmacksnerven sind voll ausgebildet und Sie genießen Ihre Aufgabe, ein gesundes Baby auszutragen. Die meisten der unangenehmen Symptome des Anfangs sind verschwunden und Ihr Appetit kehrt zurück. Doch mit ihm stellen sich die notorischen Gelüste ein.

Wussten Sie, dass die drei häufigsten Schwangerschaftsgelüste Schokolade, Salz und frisches Obst sind? Keine Sorge, wenn Sie starkes Verlangen nach Salz haben. Salzen Sie Ihre Speisen nach Belieben, da Sie den Salzkonsum in der Schwangerschaft nicht beschränken müssen. Lust auf Schokolade? Genießen Sie frische Früchte, getaucht in Bitterschokolade, die reich an Antioxidanzien ist (Rezept siehe Seite 173). Kleine Mengen qualitativ hochwertiger Schokolade mit mindestens 70 Prozent Kakaoanteil können Ihre Stimmung und die Ihres Babys verbessern. Untersuchungen zeigen, dass die Babys von Frauen, die in der Schwangerschaft Schokolade essen, im Alter von sechs Monaten mehr lachen und lächeln.

Zu Beginn des zweiten Trimesters sind Sie sichtlich schwanger, mindestens für Sie selbst erkennbar, und am Ende des Trimesters auch für Ihre Mitmenschen. Mit zwölf Wochen, wenn die Gebärmutter aus dem Becken aufsteigt, haben Sie ein kleines Bäuchlein. Doch Sie sind noch nicht behäbig. Die meisten Frauen erleben das zweite Trimester als eine Art Flitterwochen. Je nachdem, wie aktiv Sie sind, benötigen Sie jetzt am Tag etwa 300 Kilokalorien zusätzlich; und Sie brauchen immer mehr Kalzium und Eisen.

Im zweiten Trimester pendelt sich Ihr Hormonspiegel ein. Das bedeutet weniger Übelkeit, Sie müssen seltener Wasser lassen und leiden weniger an Erschöpfung. Welche Erleichterung! Beim Sport müssen Sie jetzt jedoch vorsichtig sein; geben Sie daher das Skifahren, Reiten, Inlineskaten und Kampfsportarten auf. Ansonsten ist es gut, Sport zu treiben.

> »Zu Beginn des zweiten Trimesters sind Sie sichtlich schwanger, mindestens für Sie selbst erkennbar, und am Ende des Trimesters auch für Ihre Mitmenschen.«

KÖRPERLICHE VERÄNDERUNGEN

Sie stellen vielleicht fest:
- Die Venen auf Ihrem Brustkorb und den Brüsten sind erweitert.
- Die Warzenhöfe werden dunkler und größer.
- Das Herz arbeitet intensiver, transportiert eine erhöhte Blutmenge.
- Verstopfte Nase und Nasenbluten können infolge der erhöhten Blutmenge auftreten.

FLÜSSIGKEITSZUFUHR NACH SPORT
Um Schwindel, Benommenheit oder Ohnmacht vorzubeugen und den Flüssigkeitsverlust durch das Schwitzen beim Sport auszugleichen, trinken Sie viel Wasser. Obst ist ein guter Snack und nimmt den Heißhunger; es versorgt Sie mit Ballast- und Nährstoffen und führt Ihnen gleichzeitig Flüssigkeit zu.

Ihr Körper

Ebenso wie körperliche Veränderungen, treten vielleicht auch hormonbedingte Hautveränderungen auf. Manche Frauen entwickeln eine »Schwangerschaftsmaske«, dunkle, pigmentierte Stellen auf Stirn, Wangen, Nase und Kinn. Auch Juckreiz ist häufig und Ihre Haut kann trocken und schuppig sein, vor allem am Bauch. Sie können Dehnungsstreifen nicht verhindern, durch Lotionen aber die Trockenheit und den Juckreiz lindern. Ausreichende Flüssigkeitszufuhr wirkt der Trockenheit ebenfalls entgegen.

Ihre Gebärmutter sitzt um die 20. Woche genau unter Ihrem Bauchnabel. Wenn sie wächst, dehnen sich die Bänder, die sie stützen, sodass Sie Schmerzen im Bauchbereich verspüren und an Sodbrennen und Verstopfung leiden können. Das zusätzliche Gewicht kann sich nun auf Ihren Rücken auswirken; tragen Sie flache Schuhe und sitzen oder stehen Sie nicht zu lange. Stellen Sie beim Sitzen Ihre Füße auf einen Schemel, sodass die Knie höher sind als die Hüften. Stimmungsschwankungen sind möglich.

Ihr Baby

Ihr Baby bekommt jeden Tag menschlichere Züge. Normalerweise ist der Herzschlag im zweiten Trimester schon bald mit Doppler-Ultraschall erkennbar, ebenso wie das Geschlecht. Im normalen Ultraschall ist dies vor der 16. Woche schwer zu erkennen. In der zwölften Woche beginnt die Urinproduktion in den fetalen Nieren. Die Knochen bilden sich und der Fetus zieht nun Kalzium aus Ihrem Körper. Mit 20 Wochen tritt der Fetus in Aktion, er tritt, beugt sich, ballt Fäuste und regt damit das Wachstum von Muskeln und Gelenken an.

Das zentrale Nervensystem des Babys verbindet nun die meisten Teile des Körpers, sodass das Gehirn die Kontrolle übernehmen kann. Reichern Sie Ihre Ernährung mit Omega-3-Fettsäuren an, um die Entwicklung zu optimieren (siehe Seite 27).

Das Verdauungssystem reift und der Fetus produziert Insulin, um Glukose aus der Plazenta zu verwerten. Nehmen Sie überwiegend Vollkornprodukte zu sich, weil raffinierte Kohlenhydrate Blutzuckerspitzen verursachen. Dies führt zu einer erhöhten Insulinbildung beim Fetus. Studien lassen vermuten, dass dies dazu beiträgt, dass der Fetus später anfälliger für Herz-Kreislauf-Erkrankungen, Diabetes und Übergewicht ist.

TRINKEN SIE GENÜGEND?

Ausreichende Flüssigkeitszufuhr in der Schwangerschaft lindert eine Reihe von Beschwerden. Wenn Sie genügend trinken, ist der Urin klar bis blassgelb. Wenn er leuchtend gelb ist, müssen Sie mehr trinken.

Häufige Beschwerden

Jedes Trimester hat seine typischen Auswirkungen auf Ihren Körper. Die folgende Übersicht erklärt Ihnen, was Sie zu erwarten haben und was normal ist. Und Sie finden Lösungen, um die Auswirkungen zu lindern.

Sodbrennen

Wenn die Magensäure in den unteren Teil der Speiseröhre hochsteigt, verursacht sie ein brennendes Gefühl. Häufige kleine Mahlzeiten wirken vorbeugend. Koffein, Pfefferminze und Schokolade können Sodbrennen verschlimmern. Achten Sie darauf, welche Nahrungsmittel Ihnen nicht gut tun. Flaches Liegen kann Sodbrennen auslösen; betten Sie sich daher ein wenig hoch und essen Sie nicht zu spät.

Verstopfung

Die Ballaststoffe aus Vollkorn, Obst und Gemüse helfen, die Verlangsamung des Stuhlgangs in dieser Zeit auszugleichen. Zusätzliche Flüssigkeitszufuhr hält den Stuhl weicher und beugt den gefürchteten Hämorrhoiden vor. Trinken Sie zu jeder Mahlzeit und zwischendurch Wasser oder Mineralwasser.

Schwindel

Wenn Sie schnell aufstehen, wird Ihnen vielleicht ein wenig schwindelig, weil der Blutdruck niedrig ist. Sie können solche Symptome bessern, indem Sie ausreichend trinken. Ihren Flüssigkeitshaushalt können Sie an der Farbe Ihres Urins überprüfen (siehe oben links). Eine gute Form der Flüssigkeitszufuhr ist der Verzehr von wasserhaltigem Obst wie Erdbeeren, Trauben und Melonen.

Stimmungsschwankungen

Müdigkeit und Hormonschwankungen können Stimmungsschwankungen verursachen. Wenn Sie solche Höhen und Tiefen erleben, nehmen Sie mehr Omega-3-Fettsäuren zu sich. Diese können die mentale Gesundheit verbessern.

Hitzewallungen

Sie spüren nun vielleicht die Wärme, die der Fetus erzeugt, und stellen Hitzewallungen infolge von Hormonschüben fest. Ziehen Sie dünne Kleidungsstücke übereinander und trinken Sie viel.

Tipps für die Mahlzeiten

Für die vielbeschäftigte Frau kann das Essen im zweiten Trimester lustvoller sein, als es im ersten war. Sie wachen mit Vorfreude aufs Frühstück auf und genießen auch Zwischenmahlzeiten.

Frühstück

Ein gutes Frühstück ist nun noch wichtiger, da der Fetus konstant Nährstoffe aus Ihrem Körper bezieht. Vermeiden Sie zuckerreiche Speisen wie gesüßte Frühstückscerealien oder Gebäck. Wählen Sie ballaststoffreiche Lebensmittel wie Vollkornflocken oder Vollkornbrot, ein Stück Obst und etwas Eiweiß wie Milch, Käse, Joghurt, Erdnussbutter oder Eier. Bananen sind Teil eines nährstoffreichen, sättigenden Frühstücks. Probieren Sie den »Ingwer-Vanille-Joghurt mit Blaubeeren und Bananen« (Seite 101).

Zwischenmahlzeiten

Schwangere brauchen im zweiten Trimester häufige Zwischenmahlzeiten; es ist normal, zwischen den Mahlzeiten und vielleicht sogar nachts Hunger zu haben. Trockenobst und Nüsse sind nährstoffreiche Snacks, die in jede Tasche passen und immer griffbereit sind. Alle Nüsse sind eine hervorragende Quelle für herzgesunde Öle und versorgen Sie mit Vitamin E. Essen Sie im zweiten Trimester auch Walnüsse, da sie viele Omega-3-Fette enthalten, die wichtig für das rasche Gehirnwachstum Ihres Babys sind. Trockenobst ist reich an Nähr- und Ballaststoffen. Probieren Sie Rosinen, Kirschen, Cranberries, Feigen, Datteln, wilde Blaubeeren und Aprikosen – alle getrocknet. Einige Stücke Bitterschokolade stillen Ihre Lust auf Schokolade und liefern zusätzliche Antioxidanzien.

Halten Sie immer verschiedenes frisches Obst vorrätig. Orangen, Klementinen, Mandarinen, Grapefruit und Pflaumen lassen sich auch gut mitnehmen, da sie nicht so leicht zerdrückt werden. Im zweiten Trimester benötigen Sie praktisch alle Vitamine, außer Vitamin A, in größeren Mengen; Obst liefert Vitamin B (einschließlich Folat) und Vitamin C. Klein geschnittenes Gemüse wie Brokkoli, Blumenkohl, Sellerie, Möhren und rote Paprika ist köstlich, erfrischend und ballaststoffreich. Bereiten Sie eine Flasche Salatdressing zu und genießen Sie dazu einen Gemüsesnack. Sie können das Gemüse auch in Hummus dippen.

Nehmen Sie täglich fünf Portionen Obst und Gemüse zu sich. Je mehr Sie konsumieren, umso besser. Je vielfältiger Ihre Ernährung ist, umso sicherer ist es, dass Sie alle Nährstoffe aufnehmen.

BLAUBEER-FRISCHKÄSE-TOAST
Ein gutes Frühstück kann in wenigen Minuten zubereitet sein. Als wichtigste Mahlzeit des Tages versorgt es Sie mit Energie und verhindert, dass Sie zum Mittagessen zu viel essen (siehe Seite 96).

MITTAGESSEN ZUM MITNEHMEN
Ihre Mittagspause dauert vielleicht nicht einmal eine Stunde. Planen Sie voraus, sodass Sie etwas Nährstoffreiches und Sättigendes essen. Essen Sie so abwechslungsreich wie möglich, um viele verschiedene Nährstoffe zu erhalten. Die Auswahl oben zeigt Ihnen eine gute Mittagsmahlzeit sowie zusätzliche Snacks. So halten Sie einen anstrengenden Arbeitstag durch.

Mittagsmahlzeit

Wenn Sie Lust auf ein Sandwich haben, wählen Sie eines mit Pute oder Roastbeef statt mit Wurst oder Salami, die reich an gesättigtem Fett und Zusatzstoffen sind. Denken Sie daran, dass Listerien in zubereiteten, feuchtigkeitshaltigen Mahlzeiten enthalten sein können; erhitzen Sie solche Lebensmittel daher vor dem Verzehr. Romanasalat, reich an Folat und Kalzium, passt gut auf Sandwichs und bleibt knackig. Zur Skelettbildung benötigt Ihr Baby nun zunehmende Mengen an Kalzium; legen Sie also noch eine Scheibe Tomate (Vitamin C) und Käse (Kalzium) auf Ihr Sandwich.

Eier sind ein guter Eiweißlieferant zur Mittagsmahlzeit. Kaufen Sie möglichst Eier, die reich an Omega-3-Fettsäuren sind, weil die Hennen mit Leinsamen gefüttert wurden. Omega-3-Fettsäuren fördern die neuronale Entwicklung und damit die Intelligenz Ihres Babys. Ein oder zwei hartgekochte Eier mit einer Prise Salz, einige Vollkorn-Cracker oder eine Scheibe Vollkornbrot als vollwertige Kohlenhydratlieferanten sowie ein Stück Obst – und Ihr gesamter Nährstoffbedarf bei der Mittagsmahlzeit wird gedeckt.

Mittagessen außer Haus Salate sind empfehlenswert, weil Ihre Geschmacksnerven und Ihr Magen Grünzeug und anderes Gemüse nun gut vertragen. Bestellen Sie abwechslungsreiche Salate mit Trockenobst, Nüssen und Samen. Bitten Sie, das Dressing extra zu reichen, und nehmen Sie nur so viel wie nötig, um Kalorien zu sparen. Pizza ist empfehlenswert, insbesondere mit vegetarischem Belag. Dieser ist kalorienärmer und liefert zusätzliche Nährstoffe. Um die Zufuhr an raffinierten Kohlenhydraten zu begrenzen, suchen Sie nach Restaurants, die auch Vollkornpizza im Angebot haben. Lachs, der in vielen Restaurants auf der Speisekarte steht, liefert herzgesundes Eiweiß, gesunde Fette und reichlich Omega-3-Fettsäuren, die wichtig für die Gehirnentwicklung sind (Wildlachs hat den höchsten Gehalt an Omega-3-Fettsäuren). Lachs ist ein ideales Nahrungsmittel in der Schwangerschaft und unbedenklich, da er nicht viel Quecksilber enthält.

Abendessen

Das zweite Trimester ist eine hervorragende Zeit, um mit verschiedensten intensiven und kontrastierenden Geschmacksrichtungen zu experimentieren. Studien haben gezeigt, dass ein Baby später eher neue Geschmacksrichtungen ausprobiert, wenn es sie in der Gebärmutter »probiert« hat. Achten Sie auf Ihre Gelüste; sie sind ein Signal Ihres Körpers, was er benötigt. Vielleicht haben Sie Heißhunger auf rotes Fleisch, das reich an Häm-Eisen ist, eine gut verwertbare Form von Eisen. Nun sind Ihre Geschmacksnerven auch wieder auf Fisch eingestellt; probieren Sie das köstliche Rezept »Linguine mit Garnelen, Tomaten und Petersilie« (Seite 145). Wagen Sie sich auch wieder an intensivere Geschmacksrichtungen wie »Enchiladas mit Hähnchen, Mais und schwarzen Bohnen« (Seite 151), ein Rezept, das direkt aus dem Vorratsschrank heraus zubereitet werden kann (siehe Seite 183). Zu den häufigsten Gelüsten in der Schwangerschaft gehört Salziges; genießen Sie »Toskanisches Schweinekotelett mit karamellisierten Äpfeln und Schalotten« (Seite 157). Würzig steht vermutlich auf Ihrer Gelüste-Liste gleich hinter Salz, also probieren Sie »Würzige Hähnchenbrüste mit Avocado-Mais-Salsa« (Seite 152).

Auswärts zu Abend essen Wenn Sie im zweiten Trimester auswärts essen, haben Sie freie Auswahl – aber wählen Sie bewusst! Bevorzugen Sie Lebensmittel wie Gemüse, Getreide und Obst, und verzichten Sie auf Gerichte mit schweren Teigen oder Saucen. Bestellen Sie gegrillten oder gedämpften Fisch statt gebackenen oder gebratenen.

»Gesund essen bedeutet keineswegs, auf alles, was Sie mögen, zu verzichten. Sie können sich leckere Mahlzeiten zusammenstellen.«

Wenn Sie rotes Fleisch bestellen, wählen Sie ein mageres Stück, das gegrillt wird. Vermeiden Sie Zubereitungen »in Buttersauce«, »gebacken«, »knusprig«, »gebraten«, »Sahnesauce«, »Hollandaise«, »überbacken« oder »gratiniert«.
Scheuen Sie sich nicht, den Kellner zu fragen, wie Speisen zubereitet werden. Bitten Sie, das Dressing und die Sauce getrennt zu servieren, sodass Sie selbst bestimmen können, wieviel Sie nehmen. Vergewissern Sie sich, dass keine rohen Eier oder nicht pasteurisierte Milchprodukte verwendet werden.
Fühlen Sie sich nicht verpflichtet, Ihren Teller leer zu essen. Essen Sie vom Fleisch, Fisch oder Geflügel nur eine Portion von etwa 115 g. Schneiden Sie alles sichtbare Fett weg und entfernen Sie die Haut bei Geflügel. Nehmen Sie nur eine Scheibe Brot und wenig Olivenöl oder Butter.

Im zweiten Trimester haben Sie sich ans Schwangersein gewöhnt. Die Übelkeit – wenn Sie darunter gelitten haben – hat vermutlich nachgelassen und Sie fühlen sich viel energiegeladener als zuvor. Nun ist die Zeit gekommen, bewusst zu essen und sich über andere Themen der Schwangerschaft Gedanken zu machen. Die Übersicht dient als Erinnerungshilfe an den Inhalt dieses Kapitels.

Zusammengefasst …
das zweite Trimester

1 **Die Wogen glätten sich** Viele Symptome der Frühschwangerschaft sind so gut wie vorüber, aber vielleicht entwickeln Sie Heißhunger auf Schokolade, Salz oder Obst.

2 **Erhöhter Bedarf** Sie brauchen nun zusätzlich etwa 300 Kilokalorien pro Tag, plus eine zunehmende Menge an Kalzium und Eisen.

3 **Vorsicht beim Sport** Achten Sie beim Sport darauf, nicht zu fallen oder den Bauch anzustoßen. Geben Sie Skifahren, Reiten, Inlineskaten und Kampfsport auf.

4 **Flüssigkeitszufuhr** Eine ausreichende Flüssigkeitszufuhr ist wichtiger denn je, um Verstopfung, Schwindel, Benommenheit, Ohnmacht und trockener Haut vorzubeugen.

5 **Sodbrennen besiegen** Essen Sie häufig kleine Mahlzeiten und nicht zu spät vor dem Schlafengehen; schlafen Sie hoch gebettet.

6 **Bessere Stimmung** Depressionen können durch den Verzehr von Omega-3-Fettsäuren und einem gelegentlichen Stück hochwertiger Bitterschokolade gebessert werden.

7 **Zusätzliches Gewicht** Stellen Sie Ihre Füße beim Sitzen hoch, damit die Knie über Hüfthöhe sind. Dies entlastet den Rücken und fördert die Durchblutung.

8 **Schichtenweise kleiden** Mehrere Lagen Kleidung übereinander und viel Flüssigkeit tragen zur Regulierung Ihrer Körpertemperatur bei Hitzewallungen bei.

9 **Auswärts essen** Erkundigen Sie sich, wie Speisen zubereitet werden, und bitten Sie darum, Dressings und Saucen extra serviert zu bekommen, um Ihre Kalorienzufuhr zu kontrollieren.

10 **Eine Handvoll Nährstoffe** Kleine Portionen Trockenobst und Nüsse sind ideale Snacks; sie stecken voller Nähr- und Ballaststoffe – alles, was Sie in diesem Trimester brauchen.

DIE MITTAGSMAHLZEIT

Beste Kombinationen

Die Grundregel für die Zusammensetzung gesunder Mittagsmahlzeiten lautet: eine Eiweißquelle, eine Vollkorn-Kohlenhydratquelle und ein Stück Obst oder Gemüse. Beispiele für solche ausgewogenen Kombinationen sind:

- Ein paar Käsewürfel, ein paar Trauben (oder anderes Obst) und Vollkorncracker
- Joghurt, bestreut mit Müsli und Trockenobst
- Ein Salat (siehe rechts) aus Tomate, grünem Salat (Romanasalat enthält Folat und Kalzium) und etwas Käse und Vollkornbrot
- Hartgekochte Eier, Sellerie- und Möhrenstücke und Vollkornbrot
- Reste von Hähnchenfleisch mit dünnen Gurkenscheiben, bestreut mit Salz, und eine Scheibe Vollkornbrot
- Vollkornpittabrot mit Hummus, Gurke und Tomate.

Ein knackiger Salat mit ein wenig Dressing liefert reichlich Nährstoffe. Eier, Käse und Spargel tragen noch weitere Nährstoffe bei.

Drittes Trimester

Im dritten Trimester wird Ihnen immer klarer, dass Sie tatsächlich ein Baby bekommen – bald werden Sie Ihr Baby im Arm halten. Diese Zeit kann körperlich anstrengend sein, weil Ihr Baby nun größer wird und Ihr Körper die Belastung spürt. Daher ist es wichtiger denn je, gut zu essen und auf sich selbst und das Baby achtzugeben. Durch eine gesunde Lebensweise und eine gute Ernährung können Sie Beschwerden vorbeugen und das Beste für Ihre Gesundheit und die Ihres Babys tun.

Was in Ihrem Körper geschieht

Das dritte Trimester ist eine Zeit beachtlicher Veränderungen in Ihrem Körper. Ihr Bauch tritt nun deutlich hervor, schließlich wiegt Ihr Baby bei der Geburt etwa drei Kilogramm, und die Fruchtwassermenge erreicht knapp einen Liter. Die Plazenta wiegt etwa ein Zehntel des Gewichts des Babys. Berücksichtigen Sie nun noch, dass Ihre Blutmenge sich um 50 Prozent erhöht und Ihr Gewebe mehrere Pfund Flüssigkeit gespeichert hat – kein Wunder, dass Sie die Belastung spüren. Sehr wenig von dem zusätzlichen Gewicht ist tatsächlich Fett. Diese Zunahme der fettfreien Körpermasse umfasst Ihr Baby, die Plazenta, das Fruchtwasser, das Blut, die vergrößerten Brüste und Gewebeflüssigkeit. Zur Zeit der Geburt haben Sie nur 1,8–2,2 kg an Fett zugelegt und diese Fettreserve werden Sie beim Stillen verbrauchen.

Die Unannehmlichkeiten der Schwangerschaft treten im dritten Trimester oft deutlicher zutage, wenn die Gebärmutter zunehmend Platz einnimmt. Rückenschmerzen, verstärkter Harndrang, Sodbrennen, Verstopfung, Müdigkeit und Schlafprobleme können häufiger auftreten. Doch die immer stärkeren Bewegungen Ihres Babys, die Sie sicherlich spüren, sind ein Beweis, dass Ihre Schwangerschaft allmählich ihre natürliche Vollendung findet.

> »Die immer stärkeren Bewegungen Ihres Babys, die Sie sicherlich spüren, sind ein Beweis, dass Ihre Schwangerschaft allmählich ihre natürliche Vollendung findet.«

Was vor sich geht

Mit 25 Wochen, gegen Ende des zweiten Trimesters, ist das Knochenskelett des Babys voll angelegt; von nun an bis zur Geburt haben Sie den höchsten Kalziumbedarf. Selbst wenn Sie in dieser Zeit nicht ausreichend Kalzium zu sich nehmen, wird der Fetus versorgt, weil er das Kalzium aus Ihren Knochen bezieht.

Im dritten Trimester erfolgt das stärkste Wachstum sowie eine rapide Entwicklung von Gehirn und Nervensystem des Fetus. Untersuchungen lassen darauf schließen, dass eine an Omega-3-Fettsäuren reiche Ernährung (entsprechende Nahrungsmittel siehe Seite 27) die neuronale und die Gehirnentwicklung des Babys und damit die spätere Intelligenz optimiert und Entwicklungsstörungen vorbeugt.

Eisenvorrat

Zusätzlich zum Kalzium, das Ihr Baby im dritten Trimester zur Mineralisierung seines Skeletts von Ihnen bezieht, holt es jetzt besonders viel Eisen aus Ihrem Blut. Decken Sie Ihren Eisenbedarf, sonst leiden Sie bald unter Eisenmangel. Ihr Baby holt sich, was es braucht, auch wenn Sie nicht genügend Eisen zu sich nehmen. Verzehren Sie eisenreiche Nahrungsmittel (siehe Seite 28) und kombinieren Sie diese mit Nahrungsmitteln und Getränken, die reich an Vitamin C sind wie Orangensaft, um die Eisenaufnahme zu verbessern. Beugen Sie einem Eisenmangel vor, der Sie in der Zeit der Entbindung und im Wochenbett müde und schlapp macht.

Gewichtszunahme

Das Baby nimmt nun schnell an Gewicht zu; Sie benötigen weiterhin etwa 300 Kilokalorien mehr am Tag. Ein Baby wiegt bei der Geburt normalerweise um die 3,4 kg. Ob das Baby dieses Gewicht erlangt, hängt mit der Ernährung der Mutter zusammen und daher sollten die meisten Frauen 11–15,8 kg zunehmen. Wenn Sie übergewichtig sind, begrenzen Sie Ihre Zunahme auf 6,8 kg; wenn Sie untergewichtig sind, nehmen Sie möglichst 18 kg zu (siehe Seite 40). Eine Zunahme innerhalb der normalen Bandbreite stellt sicher, dass Ihr Baby sein genetisches Wachstumspotenzial umsetzt und sie senkt das Risiko, dass das Baby zu groß wird, was ein mögliches Risiko für seine spätere Gesundheit sein könnte.

Ultraschalluntersuchungen zeigen häufig, dass das Ungeborene seine Zunge herausstreckt. Mund und Nase des Babys sind mit Fruchtwasser gefüllt. Der Mund des Babys ist voller Geschmacksknospen, daher ist es möglich, dass das Baby das Fruchtwasser kostet. Wir wissen, dass die Ernährung der Mutter Geschmack und Geruch des Fruchtwassers beeinflusst; probieren Sie daher im dritten Trimester auch neue und ganz unterschiedliche Geschmacksrichtungen – Ihr Baby genießt mit!

Im dritten Trimester spüren Sie, wie sich Ihr Baby bewegt. Vielleicht spüren Sie auch, dass es Schluckauf hat. Diese Kontraktionen des Zwerchfells sind ein Zeichen für gute Gesundheit.

ENTSPANNTE MAHLZEITEN Egal, wie viel Sie zu tun haben – versuchen Sie, während des Essens zu entspannen, da dies eine gute Verdauung fördert und damit eine optimale Aufnahme der Nährstoffe, die Sie und Ihr Baby benötigen.

Häufige Beschwerden

Jedes Trimester hat seine typischen Auswirkungen auf Ihren Körper. Die folgende Übersicht erklärt Ihnen, was Sie zu erwarten haben und was normal ist. Und Sie finden Lösungen, um die Beschwerden zu lindern.

Ödeme
Schwellungen, d. h. Ödeme, sind in der Schwangerschaft normal und treten in unterschiedlichem Ausmaß auf. Problematisch sind Ödeme nur bei Bluthochdruck. Unterscheiden Sie eine besorgniserregende Ödembildung von normalen Schwellungen. Es ist besonders wichtig, viel zu trinken, da der Körper leichter dehydriert, wenn viel Flüssigkeit ins Gewebe übergeht.

Verstopfung
Beinahe 90 Prozent der Schwangeren leiden unter Verstopfung, am häufigsten im dritten Trimester; trinken Sie viel Wasser und essen Sie ballaststoffreiche Lebensmittel wie Obst, Gemüse und Vollkornprodukte (entsprechende Nahrungsmittel siehe Seiten 30–31). Verstopfung vorzubeugen, verhindert auch das Auftreten der gefürchteten Hämorrhoiden (Krampfadern im After), die in der Schwangerschaft häufig entstehen.

Geringere Blasenkapazität
Die Gebärmutter drückt nun auf die Blase und verringert so deren Fassungsvermögen. Sie müssen dringend zur Toilette und können dann nur wenig Urin lassen. Der Druck der Gebärmutter führt auch dazu, dass beim Lachen, Niesen oder Husten eine kleine Menge Urin abgehen kann. Dieses Problem lässt sich durch Kegel-Übungen angehen. Dabei werden die Muskeln, die den Beckenbereich stützen, gekräftigt. Ziehen Sie diese Muskeln an, so, als würden Sie beim Urinieren innehalten. Zählen Sie dabei bis acht. Wiederholen Sie diese Übung mehrmals am Tag je zehnmal.

Müdigkeit
Gegen Ende der Schwangerschaft sinkt Ihr Energiepegel. Ein Baby auszutragen erfordert viel Energie. In Verbindung mit dem gestörten Schlaf im dritten Trimester, zum Beispiel wegen der häufigen Toilettengänge, kommt es zu Müdigkeit. Bekämpfen Sie diese mit energiereichen Mahlzeiten aus Vollkornprodukten wie Naturreis, Vollkornflocken, Vollkornnudeln und Vollkornbrot.

»Ein Baby auszutragen erfordert eine Menge Energie. In Verbindung mit dem gestörten Schlaf kommt es zu Müdigkeit.«

MÖHRENSAFT Möhrensaft führt Ihnen nicht nur Flüssigkeit zu, sondern er ist auch reich an Kalzium und Eisen, von denen Sie im dritten Trimester viel benötigen. Natürlich müssen Sie in der Schwangerschaft reichlich Flüssigkeit zu sich nehmen, doch wenn Sie nach dem Abendessen nicht mehr viel trinken, müssen Sie nachts nicht so häufig zur Toilette.

Tipps für die Mahlzeiten

Manchmal ist es im dritten Trimester ein wenig kompliziert. Sie haben Hunger und können Ihre Mahlzeit dann nicht aufessen. Kleine, hochwertige und nährstoffreiche Mahlzeiten sind eine gute Alternative.

Frühstück

Verstopfung ist jetzt ein häufiges Problem, sodass Sie den Tag am besten mit ballaststoffreichen Vollkornflocken beginnen. Reichern Sie sie mit zusätzlichen Mikronährstoffen und Ballaststoffen an und bestreuen Sie sie mit Trockenfrüchten, Nüssen, gemahlenem Leinsamen oder Weizenkeimen. Wenn Sie viel zunehmen wollen, verwenden Sie Vollmilch, wenn Sie wenig zunehmen wollen Magermilch.

Am Wochenende frühstücken Sie entspannt und gemütlich. Wenn Sie unter Verstopfung leiden, bereiten Sie »Haferbrei mit Trockenobst und Nüssen« (Rezept siehe Seite 95) zu. Wenn Sie Lust auf Salziges haben, probieren Sie »Spanische Eier mit Kartoffeln, Zwiebeln und würziger Wurst« (Rezept siehe Seite 93); verwenden Sie mit Omega-3-Fettsäuren angereicherte Eier, um die rapide Gehirnentwicklung Ihres Babys im dritten Trimester zu fördern.

Zwischenmahlzeiten

Im dritten Trimester macht das Essen Spaß, wenn Sie häufige kleine Mahlzeiten sowie Zwischenmahlzeiten zu sich nehmen. Sie haben wahrscheinlich bei jeder Mahlzeit einen guten Appetit, fühlen sich aber schnell gesättigt.

Dämpfen Sie frischen Brokkoli und stellen Sie ihn in den Kühlschrank; oder schneiden Sie ihn ungekocht klein und richten ihn mit einem Dip an. So ein Snack ist reich an Eisen, Folat und Ballaststoffen und stillt alle Ihre Nährstoffbedürfnisse.

Rosinenbrötchen sind auch ein toller Snack. Bereiten Sie eine große Menge zu und frieren Sie sie einzeln ein. Probieren Sie auch die »Teebrötchen mit Schokolade und getrockneten Kirschen« (Rezept siehe Seite 121). Sie befriedigen Ihren Schokoladenhunger und versorgen Sie mit gesunden Antioxidanzien.

Mittagsmahlzeit

Mittagessen zum Mitnehmen Nehmen Sie sich eine Mittagsmahlzeit mit zur Arbeit. »Vollkornwraps mit scharfen weißen Bohnen und Gemüse« (Rezept siehe Seite 114) sind bestens geeignet. Bereiten Sie die Füllung im Voraus zu und stellen

LASSEN SIE DEN SAFT WEG
Trinken Sie nun nicht mehr als 125 ml Fruchtsaft am Tag. Es ist viel besser, wenn Sie Obst essen, weil Saft viel Zucker enthält. Auf den Anstieg des Blutzuckers erfolgt eine Stunde später ein Abfall des Blutzuckers, der zu Schwindelgefühl führen kann.

ESS-STRATEGIEN IM DRITTEN TRIMESTER

- Essen Sie Mahlzeiten in kleinen Portionen.
- Wählen Sie gesunde, nährstoffreiche Nahrungsmittel.
- Genießen Sie gesunde Zwischenmahlzeiten.
- Salzen Sie frische Speisen nach Belieben.

»Wenn Sie von der Arbeit nach Hause kommen, sind Sie müde und hungrig … und haben Lust auf Salziges.«

Sie sie in den Kühlschrank. Wenn Sie regelmäßig essen gehen, ist die nährstoffreiche Ernährung, die Sie benötigen, nicht gewährleistet.

Im Restaurant zu Mittag essen Wenn Sie im dritten Trimester gelegentlich essen gehen, sollten Sie bewusst auswählen. In Restaurants sind die Portionen meist größer, als man bewältigen kann; scheuen Sie sich nicht, etwas übrig zu lassen; bitten Sie um einen Behälter zum Mitnehmen der Reste. Bestellen Sie leichte Speisen wie Suppe, Salat oder einfache Nudel- oder Reisgerichte.

Abendessen

Schnelle Abendessen Wenn Sie von der Arbeit nach Hause kommen, sind Sie müde und hungrig … und haben Lust auf Salziges. Salz gehört zu den häufigen Gelüsten in der Schwangerschaft und Sie müssen Ihren Salzkonsum nicht einschränken, auch wenn Ihnen Ihre Mutter etwas anderes erzählt hat. Salzen Sie also frisch zubereitete Speisen nach Geschmack und stillen Sie Ihr Verlangen mit einem schnellen Abendessen für die ganze Familie: »Toskanisches Schweinekotelett mit karamellisierten Äpfeln und Schalotten« (Rezept siehe Seite 157). Servieren Sie die Koteletts mit frischem Gemüse wie Spinat oder Brokkoli und einer Scheibe geröstetem Brot. Bei diesem köstlichen und doch einfachen Abendessen ergänzen sich die Süße der Äpfel und das salzige Fleisch wunderbar. Damit es abends schneller geht, können die Äpfel am Tag zuvor zubereitet und in den Kühlschrank gestellt werden; erwärmen Sie sie vor dem Servieren auf Zimmertemperatur. Wenn Sie Zeit haben, bereiten Sie als Beilage »Kartoffelbrei mit Olivenöl und gebratenem Knoblauch« (Rezept siehe Seite 134) zu. Sind Sie sehr müde, können Sie jederzeit, ohne zu kochen, ein superschnelles Gericht aus dem Vorratsschrank zaubern (siehe Seite 183). Nehmen Sie zum Beispiel eine Vollkorntortilla, bestreuen Sie sie mit geriebenem Cheddar, geben Sie 85 g abgetropfte und abgespülte Bohnen aus der Dose dazu, etwas fertige Salsa, und erhitzen Sie die Tortilla in der Mikrowelle. Fertig ist ein schneller Burrito. Auch Käsewürfel, Obst und Mischnüsse ergeben eine schnelle Mahlzeit.

Abendessen im Restaurant Vielleicht wollen Sie im dritten Trimester gelegentlich essen gehen; gehen Sie früh am Abend. Sie werden nun oft früh müde und längeres Sitzen kann Rückenschmerzen bereiten. Wählen Sie Restaurants mit raschem Service und bequemen Stühlen. Bestellen Sie frische, einfache Gerichte wie gegrillten Fisch oder Hähnchen oder etwas Vegetarisches. Verzichten Sie auf raffinierte Kohlenhydrate, indem Sie statt weißem Reis Naturreis bestellen, Süßkartoffeln statt normalen Kartoffeln und Vollkornnudeln statt weißen Nudeln.

TIPPS FÜR DIE MAHLZEITEN

Nun sind Sie im dritten Trimester, Ihr Baby wird groß und immer mehr zu einer Realität. Bewegungen werden nun beschwerlicher, daher ist es an der Zeit, möglichst viel auszuruhen und auch so gut wie möglich zu essen. Die unten angeführten Punkte bieten eine Zusammenfassung dieses Kapitels; nutzen Sie sie als schnelle Auffrischung der wichtigsten Regeln.

Zusammengefasst …
das dritte Trimester

1 Behalten Sie die guten Gewohnheiten bei Tun Sie das Beste für Ihre Gesundheit und die Ihres Babys mit einer gesunden Lebensweise und Ernährung.

2 Das Ende naht Es ist Ihnen nun oft unbehaglich zumute, aber die starken Kindsbewegungen zeigen, dass Ihre Schwangerschaft ihrem natürlichen Ende entgegengeht.

3 Nährstoffressourcen Ihr Baby beansprucht Ihre Kalzium- und Eisenspeicher. Nehmen Sie viel davon zu sich, damit Sie selbst keinen Mangel leiden.

4 Abwechslungsreich essen In der Gebärmutter kostet das Baby das Fruchtwasser. Essen Sie abwechslungsreich, um Ihr Baby an neue Aromen heranzuführen.

5 Normale Ödembildung Bei jeder Schwangeren bilden sich in gewissem Maße Schwellungen; ein Problem ist dies nur bei hohem Blutdruck.

6 **Ballaststoffe** Sorgen Sie für eine hohe Ballaststoff- und Flüssigkeitszufuhr, um Verstopfung und Hämorrhoiden vorzubeugen, ein häufiges Problem in der Schwangerschaft.

7 **Blasenkontrolle** Beugen Sie durch die täglichen Kegel-Übungen einer Blasenschwäche vor und trinken Sie tagsüber viel und abends wenig.

8 **Energieverbrauch** Unterbrochener Schlaf und die Anstrengung, ein Baby auszutragen, führen zu Müdigkeit; essen Sie Kohlenhydrate aus Vollkornprodukten.

9 **Kleine Mahlzeiten** Hungrig setzen Sie sich an den Tisch und können dann nicht aufessen; die Lösung sind häufige, kleine Mahlzeiten und Zwischenmahlzeiten.

10 **Selbst gemacht** Um eine qualitativ hochwertige Ernährung zu sichern, bereiten Sie sich Mahlzeiten zum Mitnehmen zu, sodass Sie genau wissen, was sie enthalten.

SELBST GEMACHT ZUM MITNEHMEN

Den Nährstoffgehalt kennen

Im dritten Trimester müssen Sie viel Eisen und Kalzium zu sich nehmen, weil Ihr Baby von Ihren Reserven lebt. Wenn Ihr Eisenspiegel sinkt, fühlen Sie sich schlapp und müde (eisenreiche Nahrungsmittel siehe Seite 28). Bei Kalziummangel können Probleme mit hohem Blutdruck entstehen (kalziumreiche Nahrungsmittel siehe Seite 29). Im dritten Trimester ist es wichtiger denn je, genau zu wissen, was Sie essen; nehmen Sie sich daher die Zeit, Ihre Speisen im Voraus zuzubereiten und mitzunehmen.

Dieses Teebrötchen mit Schokolade und Kirschen (siehe Seite 121) ist als Frühstück oder Snack geeignet. Es enthält verschiedene Nährstoffe und sättigt, ohne zu belasten.

Nach der Geburt

Es ist sinnvoll, für die ersten chaotischen Tage nach der Entbindung vorauszuplanen. Wenn Sie dieses Kapitel gegen Ende des dritten Trimesters lesen, nutzen Sie die Zeit, um einige Vorbereitungen zu treffen. So können Sie sicherstellen, dass Sie sich auch in der wichtigen Zeit nach der Geburt optimal ernähren. Stellen Sie einen Speiseplan und einen Einkaufszettel zusammen und füllen Sie Ihren Vorratsschrank auf.

Die ersten beiden Wochen

War dies kein Wunder? Die ersten Tage im Wochenbett bringen eine Mischung aus Freude und Schmerz, Euphorie und Erschöpfung. Sie sind körperlich und emotional ausgelaugt und müssen Körper und Geist pflegen. Schlaf hat oberste Priorität. Viele Frauen schlafen in den Wochen vor der Geburt schlecht und die Wehen dauern oft mindestens eine ganze Nacht, daher leiden die meisten Frauen und ihre Partner an Schlafmangel, wenn das Baby schließlich da ist. Versuchen Sie, unmittelbar nach der Geburt im Krankenhaus oder zu Hause auszuruhen; beschränken Sie Besuche auf eine bestimmte Tageszeit, sodass Sie zwischendurch schlafen können. Ihre Nächte werden vermutlich durch das Stillen unterbrochen, daher sind kurze Schlafphasen tagsüber in den ersten Wochen unverzichtbar. Lernen Sie dann zu schlafen, wenn Ihr Baby schläft.

Es ist Zeit, die Nährstoffreserven Ihres Körpers aufzufüllen. Genießen Sie Kohlenhydrate aus Vollkornprodukten, die konstant Energie liefern. Durch eine ausreichende Eiweißzufuhr unterstützen Sie den Heilungsprozess Ihres Körpers. Essen Sie zu allen drei Mahlzeiten Eiweiß (Rindfleisch, Hähnchen, Fisch, Milchprodukte, Bohnen oder Nüsse). Auch Flüssigkeit ist wichtig. Während der Entbindung und im Wochenbett kommt es zu dramatischen Veränderungen im Flüssigkeitshaushalt; oft bilden sich in den ersten Wochen nach der Geburt zusätzliche Ödeme. Sie werden bald auf natürliche Weise abgebaut. Trinken Sie aber weiterhin viel und essen Sie wasserreiches Obst. Verstopfung ist ein häufiges Problem im Wochenbett. Die meisten Frauen fürchten den ersten Stuhlgang, aber keine Angst – es ist nicht so schlimm wie befürchtet.

> »Sie sind körperlich und emotional ausgelaugt und müssen Körper und Geist pflegen.«

PROBIEREN SIE:

- Apfelscheiben, bestrichen mit Mandelmus oder Erdnussbutter
- Apfelmus
- kleine Möhrenstücke, in Hummus getunkt
- Selleriestücke, mit Frischkäse bestrichen
- Trockenobst
- Reiswaffeln
- frisches Obst
- Nüsse
- Vollkornbrot mit Erdnussbutter, Käse oder Sardinen
- Mixgetränke (siehe Seite 176)
- Gedämpften Brokkoli mit himmlischer Dip-Sauce (siehe Seite 118)
- Sonnenblumenkerne
- Süßkartoffel-Pecan-Brot (siehe Seite 119)
- Vollkornbrezel
- Vollkorntortilla-Wraps mit Frischkäse und Gemüsescheiben

Was Sie essen sollten

In diesen ersten Tagen mag es ein echtes Problem sein, die Ernährungsratschläge in die Praxis umzusetzen. Hormonschwankungen können Heißhunger auf Zucker und Ungesundes auslösen. Manche Frauen geben ihren Gelüsten nach und greifen in dieser Zeit auf Fertigmahlzeiten zurück, die ihren Nährstoffbedarf jedoch nicht decken.

Es ist wichtig, Speisen mit hoher Nährstoffdichte zu verzehren, damit Sie sich möglichst schnell erholen und keine Anämie und Stimmungsschwankungen entstehen. Sie haben vermutlich rund 5,5 kg verloren – etwa 3,4 kg das Baby, 0,9 kg die Plazenta und 1,3 kg Blut und Fruchtwasser. Es dauert einige Zeit, bis das übrige Gewicht abgebaut wird, versuchen Sie nicht, diesen Prozess zu beschleunigen.

Frühstück

Ein gutes Frühstück kann aus ein oder zwei hartgekochten, mit Omega-3-Fettsäuren angereicherten Eiern und Vollkorntoast bestehen oder aus Vollkornflocken mit frischem Obst oder Joghurt. Es kann zum Frühstück auch Suppe geben – eine dampfende Schüssel Gemüse-, Rindfleisch-, Hühner- oder Fischsuppe und ein Stück Vollkornbrot sind nahrhaft und wohltuend. Mixgetränke sind bei warmer Witterung ein tolles Frühstück.

Mittag- und Abendessen

Salate können als sättigende Mahlzeit oder als Beilage gereicht werden. Mischen Sie einfach die Zutaten aus Ihrem Kühlschrank – zum Beispiel Salat, Käsewürfel, Bohnenkeimlinge, abgekühlter, gekochter Spargel oder Brokkoli und Bohnen aus der Dose sowie hart gekochte Eier. Avocados passen immer zum Salat und sind reich an gesunden Fetten. Krönen Sie Ihren Salat mit Kürbis- oder Sonnenblumenkernen und einer Vinaigrette mit Balsamico-Essig. Reichen Sie dazu eine Scheibe knuspriges Vollkornbrot, beträufelt mit Olivenöl, und fertig ist Ihre Mahlzeit. Ein warmes Sandwich bietet ein prima Mittag- oder Abendessen; probieren Sie Sandwich mit Knoblauchwurst und Mangold (siehe Seite 113). Auch ein »Pizza-Baguette« (siehe Seite 116) ist super. »Vollkornwraps mit scharfen weißen Bohnen und Gemüse« (siehe Seite 114) sind schnell zubereitet und die Bohnenmasse kann im Voraus gemacht werden. Eiergerichte sind als Mittag- oder Abendessen geeignet. Probieren Sie die »Schweizer Mangold-Feta-Frittata« (siehe Seite 117).

GESUNDE SNACKS Zwischenmahlzeiten sind nach der Geburt ebenso unverzichtbar wie Schlafphasen am Tag. Durch das häufige Stillen können regelmäßige Mahlzeiten schwierig sein. Snacks sind die Lösung. Wählen Sie gesunde, nährstoffreiche Zwischenmahlzeiten, die Sie beim Stillen nebenbei essen können.

Ernährung fürs Wochenbett und Stillen

Die Ernährung nach der Geburt, ob Sie stillen oder nicht, basiert auf denselben Richtlinien wie in der Schwangerschaft. Stillende Frauen benötigen am Tag bis zu 500 Kilokalorien zusätzlich und etwas mehr Eiweiß (etwa 70 g am Tag). Essen Sie einfach etwas größere Portionen, um diesen Bedarf zu decken. Ansonsten bleibt das Verhältnis von Eiweiß, Kohlenhydraten und Fetten bestehen. Stillende Mütter sollten besonders auf die Flüssigkeitszufuhr achten und etwa acht Gläser zu je 200–250 ml am Tag trinken, um den Flüssigkeitsverlust durch das Stillen auszugleichen. Halten Sie sich an die gleichen Richtlinien wie in der Schwangerschaft:

- 50–60 Prozent der Kalorienmenge aus Kohlenhydraten
- 25–35 aus Fett
- etwa 20 Prozent aus Eiweiß (70 g am Tag)

Entscheidend wichtig: Kalzium

Beim Stillen benötigen Sie 1000 mg Kalzium am Tag (kalziumreiche Nahrungsmittel siehe Seite 29). Studien haben gezeigt, dass Frauen während der Stillzeit oft drei bis fünf Prozent ihrer Knochenmasse verlieren, auch wenn diese nach dem Abstillen schnell wieder aufgebaut wird. Nehmen Sie während und nach der Stillzeit ausreichend Kalzium und Vitamin D zu sich.

Omega-3-Fettsäuren

Studien lassen vermuten, dass das Stillen die Intelligenz des Babys dank der Omega-3-Fettsäuren in der mütterlichen Kost steigert. Das Gehirn des Neugeborenen entwickelt sich rapide und diese Fettsäuren scheinen zu dessen gesunder Ausbildung beizutragen. Es gibt auch Belege, dass Töchter von Müttern, die stillten und eine an diesen Fettsäuren reiche Ernährung zu sich nahmen, später ein geringeres Brustkrebsrisiko tragen. Zudem senken Omega-3-Fettsäuren vermutlich das Risiko für Wochenbett-Depressionen.

Flüssigkeitszufuhr

Stillende Mütter müssen viel trinken. Ihr Baby wird acht- bis zwölfmal am Tag gestillt werden; daher benötigen Sie bis zu drei Liter Flüssigkeit am Tag, um die Milchmenge auszugleichen, die Ihr Baby trinkt. Trinken Sie bei jeder Stillmahlzeit 250 ml. Warten Sie nicht, bis Sie Durst haben, da Sie dann schon an Flüssigkeitsmangel leiden. Wenn Ihr Urin dunkel ist und intensiv riecht, bedeutet dies, dass Sie zu wenig trinken.

Vitamine und Ergänzungspräparate

Durch eine gesunde Ernährung können Sie Ihren gesamten Nährstoffbedarf beim Stillen decken. Manchmal ist es jedoch schwierig, gesund zu essen, wenn man ein Neugeborenes versorgt. Die Einnahme eines Multivitaminpräparats während der Stillzeit kann eine schlechte Ernährung nicht wettmachen, aber sie kann vor einem möglichen Nährstoffmangel schützen. Eventuell benötigen Sie auch ein Kalziumpräparat für Ihren Kalziumbedarf, insbesondere, wenn Sie wenig Milchprodukte zu sich nehmen, zum Beispiel wegen einer Allergie oder möglichen Allergie Ihres Babys (siehe Nahrungsmittelempfindlichkeit bei Säuglingen, gegenüber). Schränken Sie keinesfalls Ihren Verzehr an Milchprodukten ein, um abzunehmen. Wählen Sie besser fettfreie oder fettarme Milchprodukte. Das Kalzium ist nicht ans Fett gebunden und bleibt auch bei Magermilchprodukten erhalten.

Nahrungsmittel, auf die Sie verzichten sollten

Einige Einschränkungen aus der Schwangerschaft werden nun gelockert, aber andere gelten auch in der Stillzeit. Die Zurückhaltung bei Meerestieren gilt weiterhin, da Quecksilber aus Fischen in die Muttermilch übergehen und das Gehirn des Neugeborenen schädigen kann. Der Verzicht auf Lebensmittel, die Listerien enthalten können, gilt in der Stillzeit nicht mehr.

Quecksilber Studien zeigten, dass die Milch von Frauen, die sehr viel Fisch verzehren, mehr Quecksilber aufweist. Der Quecksilberwert in der Muttermilch entspricht etwa einem Drittel des Wertes im mütterlichen Blut. Verzichten Sie in der Stillzeit auf die gleichen Fischsorten wie in der Schwangerschaft (siehe Seite 35).

PASSEN SIE DIE MAHLZEITEN IHREM LEBEN AN
In den ersten Tagen sind Mittag- und Abendessen austauschbar. Ihre Mahlzeiten müssen schnell zubereitet, sättigend und schnell zu essen sein. »Überbackener Mozzarella-Toast« (Rezept siehe Seite 100) bietet zu jeder Tageszeit eine schnelle, gesunde und leichte Mahlzeit.

WAS SIND KOLIKEN?

Niemand weiß genau, was bei Koliken vor sich geht. Aber eventuell wissen Sie es, wenn Sie ein Kolik-Baby haben. Koliken lassen sich als Phasen untröstlichen Schreiens beschreiben, die:
- Innerhalb der ersten drei Lebenswochen beginnen.
- Mindestens drei Stunden am Tag andauern.
- Mindestens dreimal wöchentlich auftreten.
- Mindestens drei Wochen andauern.
- Selten länger andauern als bis zum dritten Lebensmonat.

Nahrungsmittelempfindlichkeit bei Säuglingen

Nichts kann der Magen eines Säuglings leichter verdauen als Muttermilch. Manchmal kommt es jedoch zu einer Reaktion auf die Speisen, die die Mutter isst. Es ist normal, wenn gestillte Babys weichen Stuhlgang haben und gelegentlich wund sind. Wenn Ihr Kind Blähungen hat, testen Sie, ob sich ein Weglassen von Zwiebeln, Knoblauch, Lauch, Kohl oder Hülsenfrüchten in Ihrer Ernährung positiv auswirkt. Eine Nahrungsmittelempfindlichkeit bei Säuglingen kann vorkommen, aber sie ist nicht häufig – und ein umstrittenes Thema; Studien schätzen, dass drei bis sieben Prozent der Babys daran leiden. Eine Nahrungsmittelempfindlichkeit kann einer der Auslöser einer Kolik sein. In manchen Fällen kann eine veränderte Kost, in Absprache mit dem Kinderarzt, Abhilfe schaffen. Am häufigsten tritt eine Überempfindlichkeit und Allergie auf Kuhmilch auf. Manche Frauen können dennoch Joghurt und Käse essen und müssen nur auf Milch verzichten. Wenn Sie Ihren Konsum an Milchprodukten einschränken, nehmen Sie ein Kalziumpräparat.

Probleme mit Erdnüssen

Erdnüsse sind eine der häufigsten Ursachen einer Nahrungsmittelallergie; manchmal verursachen sie eine schwere Reaktion. Ihr Baby trägt ein höheres Risiko, wenn Sie oder der Vater oder die Geschwister des Babys an einer Nahrungsmittelallergie leiden oder wenn andere allergische Erkrankungen wie Heuschnupfen, Asthma und/oder Ekzeme in der Familie vorkommen. Wenn Ihr Baby zur Risikogruppe gehört, verzichten Sie während der Stillzeit besser auf Erdnüsse und Erdnussprodukte.

Alkohol und Koffein

Schränken Sie Ihren Alkohol- und Koffeinkonsum stark ein. Alkohol trinken Sie – wenn überhaupt – direkt nach dem Stillen statt kurz davor. Alkohol wird etwa in der gleichen Zeit aus der Muttermilch abgebaut wie aus Ihrem Blut; Sie sollten also mit dem nächsten Stillen sechs bis acht Stunden abwarten. Im Zweifelsfall pumpen Sie die Muttermilch ab und schütten sie weg; Milch, die danach gebildet wird, sollte keine Reste mehr enthalten.

Die Menge an Koffein, die in Ihre Milch übergeht, beträgt etwa ein Prozent Ihres Koffeinspiegels. Studien zeigen, dass bis zu fünf koffeinhaltige Getränke am Tag akzeptabel sind. Zählen Sie alle Koffeinquellen dazu wie Tee, Erfrischungsgetränke, Schmerzmittel und Schokolade. Wenn Sie mehr als sechs Portionen Koffein am Tag konsumieren, kann es sich im Organismus Ihres Babys anreichern und es kommt zu Schlaflosigkeit und Reizbarkeit. Vorsichtshalber ist es am besten, den Kaffeekonsum auf zwei Tassen täglich zu begrenzen.

SPORTTIPPS

Es ist unbedenklich und gesund, in der Stillzeit Sport zu treiben. Laut Studien wirkt er sich nicht auf die Menge oder Zusammensetzung der Milch, die Akzeptanz der Brust oder die Gewichtszunahme des Babys aus. Es gibt also keinen Grund, mit dem Sport bis nach der Stillzeit zu warten.

- Für Ihr eigenes Wohlbefinden stillen Sie lieber vor dem Sport: Volle Brüste sind schwer und unangenehm. Tragen Sie einen guten Stillbüstenhalter.
- Manche Babys mögen nicht gestillt werden, wenn ihre Mutter verschwitzt ist (wegen des Salzes auf ihrer Haut); waschen Sie dann Ihre Brüste oder duschen Sie sich vor dem Stillen.
- Wenn Sie regelmäßig Sportarten mit wiederholten Armbewegungen ausüben und sich dadurch ein Milchstau entwickelt, sollten Sie diesen Sport einschränken und langsam wieder beginnen.
- Am wichtigsten ist, dass Sie viel Flüssigkeit zu sich nehmen.

Rückbildung

Die beste Methode, nach der Geburt abzunehmen, besteht darin, weniger zu essen und sich an kleinere Portionen zu gewöhnen. Jedes Nahrungsmittel, egal wie gesund es ist, macht dick, wenn man zu viel isst.

Wenn Sie stillen

Beschränken Sie Ihre Kalorienzufuhr nicht zu sehr, denn in der Stillzeit sollten Sie täglich mindestens 1800 Kilokalorien zu sich nehmen. Sehr kalorienarme Diäten können die Milchbildung beeinträchtigen. Auch wenn Sie weniger Kalorien zu sich nehmen als Sie benötigen, wird Ihr Baby genügend bekommen und der Nährstoffgehalt Ihrer Milch in der Regel gewahrt. Doch eine dauerhaft schlechte Ernährung oder eine Diät mit ungenügender Kalorienzufuhr führt bei Ihnen zu Müdigkeit und Erschöpfung.

Wenn Sie Ihre gesunde Schwangerschaftskost beibehalten, werden Sie beim Stillen wahrscheinlich abnehmen, da es viele Kalorien verbrennt. Die meisten stillenden Mütter haben aber auch Hunger. Achten Sie darauf, was Sie essen, dann nehmen Sie so ab, dass es für Sie und Ihr Baby gesund ist. Manche Frauen nehmen im ersten Monat schnell ab, besonders wenn sie viel Flüssigkeit eingelagert hatten. Danach ist es unbedenklich, etwa 0,9 kg im Monat abzunehmen; dabei wird die Milchbildung nicht beeinträchtigt. Wenn Sie vor der Schwangerschaft übergewichtig waren, können Sie unbedenklich 1,8 kg im Monat abnehmen.

Wenn Sie nicht stillen

Überstürzen Sie das Abnehmen nach der Geburt nicht. Konzentrieren Sie sich in den ersten sechs Monaten auf gesundes Essen und bauen Sie ein Sportprogramm auf. Wenn sich Ihr Körper dann erholt hat und Ihre Periode wieder normal kommt, befolgen Sie einen gesunden Diätplan mit einem Gewichtsverlust von etwa 2 kg im Monat.

Sport

Mäßiger Sport – etwa 30 Minuten Bewegung am Tag, die Ihren Herzschlag beschleunigt und Sie leicht außer Atem bringt – fördert die Gesundheit, die Gewichtsabnahme und trägt dazu bei, dass Sie Ihr Gewicht halten. Sport ist gut für Ihr Herz, stärkt Ihren Körper, verleiht Ihnen Energie, macht Ihren Kopf frei und trägt zu tieferem Schlaf bei, selbst in den kurzen Phasen zwischen den Stillzeiten.

AUF GEHT'S! Nach einer normalen oder einer Kaiserschnittentbindung können Sie sofort wieder spazieren gehen. Nach einer vaginalen Entbindung können Sie langsam, je nach Ihrem Befinden, auch mit anstrengenderen Übungen beginnen. Hören Sie auf Ihren Körper und machen Sie bei Schmerzen langsam. Nach einer Kaiserschnittentbindung müssen Sie mit intensiverem Training warten, bis Ihnen der Arzt grünes Licht gibt.

»Sehr kalorienarme Diäten können die Milchbildung beeinträchtigen und machen Sie müde.«

RÜCKBILDUNG

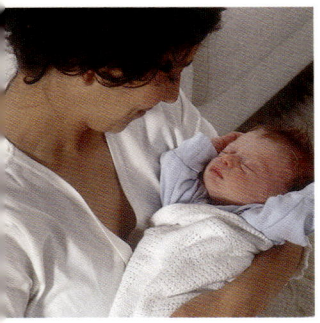

Nach der Geburt, im Wechselbad der Gefühle und während der Umstellung auf das neue Leben mit einem Baby, ist nun die Zeit, Kraft zu schöpfen und sich darauf zu konzentrieren, ausreichend zu schlafen und gesund zu essen. Diese Zusammenfassung, die die wichtigsten Punkte des Kapitels herausgreift, hilft Ihnen, auf dem richtigen Weg zu bleiben und die Anforderungen in der Zeit nach der Geburt zu meistern. Wenn Sie wenig Zeit haben, erspart Ihnen dieser Überblick, das gesamte Kapitel nochmals zu lesen.

Zusammengefasst …
nach der Geburt

1 Planen Sie im Voraus Erstellen Sie Speisepläne und bereiten Sie Speisen zu, die Sie einfrieren. Sie können sie in den ersten Tagen mit dem Neugeborenen aufwärmen.

2 Schlafen Sie genügend Es hat oberste Priorität, so viel wie möglich zu schlafen, auch tagsüber, um Energie zu tanken und den Heilungsprozess des Körpers zu unterstützen.

3 Flexible Mahlzeiten Sie müssen essen, egal ob Sie stillen oder die Flasche geben. Wenn Sie nicht in Ruhe essen können, nehmen Sie nährstoffreiche Snacks zu sich.

4 Nährstoffreiche Nahrung Die Hormone können Heißhunger auslösen, aber Sie müssen ausgewogen essen, um sich zu erholen und bei Kräften zu bleiben.

5 Stillen Sie benötigen für die Milchbildung etwa 500 Kilokalorien am Tag zusätzlich, und außerdem Flüssigkeit, die durch die Milch verloren geht.

6 **Abwechslungsreich essen** Wenn Sie abwechslungsreich essen, machen Sie Ihr Baby über die Muttermilch mit neuen Geschmackseindrücken vertraut.

7 **Ergänzungspräparate** Wenn es Ihnen anfangs schwer fällt, ausgewogen zu essen, nehmen Sie Multivitamin- und Kalziumpräparate, um Defizite auszugleichen.

8 **Bedenkliche Nahrungsmittel** Befolgen Sie die Richtlinien für Fisch wie in der Schwangerschaft (siehe Seite 35), da Quecksilber über Ihre Milch zum Baby gelangt.

9 **Alkohol in Maßen** Trinken Sie Alkohol – wenn überhaupt – nach dem Stillen und warten Sie mit dem nächsten Stillen, bis er in Ihrem Körper abgebaut ist.

10 **Gehen Sie raus** Spazierengehen ist das beste Training nach der Geburt und kommt Ihnen und Ihrem Baby zugute.

NEUE AROMEN FÜR DAS BABY

Ebenso wie in der Schwangerschaft, als das Fruchtwasser »aromatisiert« war, meinen Experten, dass auch die Milch von dem Geschmack der Speisen der Mutter beeinflusst wird. Eine bekannte Studie zeigte, dass die Milch von Müttern, die sehr viel Knoblauch zu sich nahmen, nach Knoblauch schmeckte und roch. Babys, die die Milch tranken, hatten keinerlei Verdauungsprobleme und bevorzugten die »Knoblauchmilch« sogar gegenüber »normaler« Milch. Wenn Sie abwechslungsreich essen, hat Ihr Baby vielfältige Geschmackserlebnisse.

Dieser Salat aus schwarzen Bohnen und Bulgur mit Petersilie und Zitrone (Rezept siehe Seite 127) steckt voller Nährstoffe und bietet verschiedene Geschmacksrichtungen.

Die Rezepte – Essen für zwei

Es ist einfach, in der Schwangerschaft gut zu essen. Probieren Sie die köstlichen Frühstücke, Mittag- und Abendessen sowie Snacks und kleinen Leckereien.

Frühstück am Wochenende

SPARGEL-GRUYÈRE-OMELETT
Seite 92

SPANISCHE EIER MIT KARTOFFELN, ZWIEBELN UND WÜRZIGER WURST
Seite 93

MAISTORTILLAS MIT EIERN, CHEDDAR UND SALSA
Seite 94

HAFERBREI MIT TROCKENOBST UND NÜSSEN
Seite 95

BLAUBEER-FRISCHKÄSE-TOAST
Seite 96

Es ist schon so oft gesagt worden, aber das Frühstück ist wirklich die wichtigste Mahlzeit des Tages. Nicht zu frühstücken ist wie eine Autoreise mit einem beinahe leeren Tank zu beginnen. Ihnen geht mit Sicherheit mitten am stressigen Vormittag der Treibstoff aus. Nutzen Sie Ihre Schwangerschaft als Gelegenheit, sich gesunde Essgewohnheiten anzueignen. Frühstücken ist dazu der ideale Einstieg und ein warmes Frühstück am Wochenende ist eine besonders gute Entscheidung.

Untersuchungen belegen, dass Menschen, die frühstücken, gesünder sind, weil sie Nährstoffe in einem ausgewogeneren Verhältnis und viel mehr Vitamine und Mineralstoffe zu sich nehmen als diejenigen, die diese Mahlzeit auslassen. Das liegt vermutlich daran, dass das Frühstück selbst viele Nährstoffe aufweist und daran, dass Menschen, die nicht frühstücken, tagsüber häufig zwischendurch essen, und zwar oft ungesunde Sachen. Wer den Tag mit einem gesunden Frühstück beginnt, hat eine gute Nährstoffbasis und weniger Heißhungerattacken.

In der Schwangerschaft ist ein gutes Frühstück noch wichtiger. Ohne den richtigen morgendlichen Antrieb fühlen Sie sich im Laufe des Tages bald schlapp, lethargisch oder leiden an Übelkeit, weil Ihr Baby beständig Ihre Glukosevorräte für seine Bedürfnisse anzapft. Ihr Baby tut dies, egal ob Sie Ihren eigenen Nährstoffbedarf stillen oder nicht. Wenn nicht, geht Ihnen schnell die Energie aus.

Der Verzicht auf das Frühstück ist kein geeignetes Mittel, um die Gewichtszunahme in der Schwangerschaft gering zu halten. Sie werden mittags nur umso mehr essen. Studien zeigen vielmehr, dass das Frühstück ein wichtiger Schlüssel zur Gewichtskontrolle ist. Ein gutes Frühstück trägt sogar dazu bei, dass Sie im Laufe des Tages weniger Kalorien zu sich nehmen. Zudem verleiht es geistige Energie und fördert die Leistung, bei der Arbeit und in der Schule. Für Sie als Schwangere und Ihr Baby ist das Frühstück daher von allerhöchster Bedeutung.

Spargel-Gruyère-Omelett

Reich an: ✓ Folat ✓ Kalzium

Wenn Sie sich morgens ein gemütliches Frühstück gönnen können, ist dieses Omelett genau das Richtige. Es ist dank des Spargels reich an Folat, der mehr von diesem Nährstoff enthält als jedes andere Gemüse. Die Eier liefern gesundes Eiweiß und der Käse Kalzium zum Aufbau von Knochen und Zähnen Ihres Babys.

Vorbereiten 15 Minuten
Garen 5 Minuten
Für 2 Personen

225 g grüner Spargel
2 Eier
3 Eiweiß
1 EL fettreduzierte Sahne (18 % Fett) oder Schmand
1 Prise Meersalz
frisch gemahlener schwarzer Pfeffer
15 g Butter
60 g Gruyère, in Scheiben oder gerieben

1 300 ml Wasser in einem weiten Topf zum Kochen bringen. Von den Spargelstangen das untere Drittel schälen, die Stangen in den Topf legen und zugedeckt 3–5 Minuten weich garen. In ein Sieb abgießen und unter fließendem kalten Wasser abschrecken. Beiseitestellen.

2 Eier, Eiweiße, Sahne oder Schmand, Salz und schwarzen Pfeffer in einer kleinen Schüssel leicht verquirlen. Die Hälfte der Butter in einer kleinen beschichteten Pfanne bei mittlerer Temperatur schmelzen lassen. Sobald die Butter nicht mehr schäumt, die Temperatur etwas erhöhen und die Hälfte der Eimasse in die Pfanne gießen. Etwa 10 Sekunden braten, bis das Omelett an den Rändern Blasen bildet. Mit einer Gabel vorsichtig anheben und die Pfanne schwenken, damit die noch flüssige Eimasse auf den Boden der heißen Pfanne läuft.

3 Wenn die Unterseite des Omeletts fest, die Oberseite aber noch ein wenig feucht ist, je die Hälfte des Spargels und Gruyères auf eine Hälfte geben. Die andere Hälfte des Omeletts darüber klappen und das Omelett 1 weitere Minute backen. Aus der Pfanne gleiten lassen und warm halten, während das zweite Omelett ebenso zubereitet wird. Heiß servieren.

TIPPS
- Statt Spargel können Sie Brokkoliröschen verwenden.
- Reichen Sie dazu Mehrkorntoast und einen alkoholfreien Bloody Mary für ein echtes Sonntags-Frühstück.

Spanische Eier mit Kartoffeln, Zwiebeln und würziger Wurst

Reich an: ✓ Kohlenhydraten ✓ Eiweiß

Lust auf Herzhaftes? Stillen Sie dieses Verlangen auf gesunde Art, indem Sie mit gut gewürzter Wurst und Eiern eine spanische Tortilla zubereiten – ein flaches Omelett wie die italienische Frittata. Dieses kohlenhydrat- und eiweißreiche Frühstück gibt Ihnen Energie für den Tag.

Vorbereiten 15 Minuten
Garen 15 Minuten
Für 2 Personen

2 EL Olivenöl
1 mittelgroße Ofenkartoffel, etwa 300 g, geschält und in 1 cm große Würfel geschnitten
½ TL Meersalz
1 kleine Zwiebel, gewürfelt
120 g würzige, frische Schweinebratwurst, die Pelle entfernt, das Brät zerbröselt
4 Eier, geschlagen

1 1 Esslöffel Olivenöl in einer 25 cm großen beschichteten Pfanne bei mittlerer Temperatur erhitzen. Die Kartoffelwürfel in das heiße Öl geben und mit der Hälfte des Salzes bestreuen. Etwa 5 Minuten braten, dabei gelegentlich wenden, bis die Kartoffeln goldgelb und weich sind. In eine Schüssel füllen und beiseitestellen.
2 Den restlichen Esslöffel Öl in die Pfanne gießen. Zwiebel und Wurstbrät im heißen Öl unter gelegentlichem Wenden etwa 5 Minuten anbraten, bis die Zwiebel weich und die Wurst gebräunt und krümelig ist. Die Kartoffelwürfel wieder in die Pfanne geben, die Zutaten gut vermengen und über die gesamte Pfannenfläche verteilen.
3 Die Eier in die Pfanne gießen und mit dem restlichen Salz bestreuen. Die Eier 1 Minute stocken lassen, dann mit einer Gabel vorsichtig anheben und die Pfanne schwenken, damit die noch flüssige Eimasse auf den Boden der heißen Pfanne läuft. Die Eier 1 weitere Minute stocken lassen. Nochmals die Eiränder anheben und die Pfanne kippen.
4 Einen großen Teller verkehrt herum auf die Pfanne halten, dann Pfanne und Teller wenden, sodass die Tortilla auf den Teller fällt. Mit der ungebackenen Seite nach unten zurück in die Pfanne gleiten lassen und weitere 1–2 Minuten braten. Die Pfanne vom Herd nehmen. Die Tortilla durchschneiden und sofort servieren.

TIPPS
- Diese Tortilla schmeckt auch bei Zimmertemperatur gut.
- Wenn Ihre Pfanne feuerfest ist, backen Sie die Oberseite unter dem heißen Grill, statt die Tortilla zu wenden.
- Um Kalorien zu sparen, ersetzen Sie 2 Eier durch 3 Eiweiße.

Maistortillas mit Eiern, Cheddar und Salsa

Reich an: ✓ Eiweiß ✓ Kalzium

Dieses Gericht ist bestens zum Sonntagsbrunch geeignet. Studien zeigen, dass Babys, die in der Gebärmutter mit verschiedensten Aromen in Kontakt kamen, im späteren Leben ungewohnte Lebensmittel leichter akzeptieren. Reichen Sie also ein wenig pikante Salsa zu Ihren Tortillas.

Vorbereiten 10 Minuten
Garen 20 Minuten
Für 4 Personen

4 Maistortillas (15 cm Durchmesser)
60 g reifer Cheddar, gerieben
4 Eier
4 Eiweiß
1 Prise Meersalz
15 g Butter
1 Avocado, geschält, entsteint und in Scheiben geschnitten
30 g Koriandergrün, gehackt

Salsa

1 EL Olivenöl
2 Knoblauchzehen, in dünne Scheiben geschnitten
1 kleine Zwiebel, gewürfelt
1 Jalapeño oder andere grüne Chilischote (nach Belieben), entkernt und fein gehackt
1 Prise Meersalz
½ TL gemahlener Kreuzkümmel
½ TL Chilipulver
4 Dosentomaten, abgetropft und gehackt

1 Den Backofen auf 150 °C vorheizen. Die Tortillas auf ein Backblech legen. Den Käse gleichmäßig auf den Tortillas verteilen. Das Blech in den Ofen schieben und die Tortillas etwa 10 Minuten erhitzen, bis sie weich sind und der Käse geschmolzen ist.
2 Inzwischen die Salsa zubereiten. Das Olivenöl in einem Topf bei mittlerer Temperatur erhitzen. Den Knoblauch etwa 45 Sekunden darin anbraten, bis er weich ist und duftet. Zwiebel und Chili dazugeben. Mit Salz bestreuen und etwa 5 Minuten unter häufigem Wenden weich schwitzen. Mit Kreuzkümmel und Chilipulver würzen und 1 weitere Minute garen. Auf hohe Temperatur schalten und 250 ml Wasser einrühren. 1 Minute köcheln lassen. Die Tomaten zugeben und 3 Minuten köcheln lassen, dabei gelegentlich umrühren. Den Topf vom Herd nehmen und beiseitestellen.
3 Eier und Eiweiße verquirlen und salzen. Die Butter bei mittlerer Hitze in einer Pfanne schmelzen lassen. Wenn sie nicht mehr schäumt, die Eier dazugeben und stocken lassen. Mit einer Gabel anheben und die Pfanne schwenken, sodass die rohe Eimasse auf den Boden der Pfanne fließt. Die Eier auf diese Weise braten, bis sie fest sind, die Oberfläche aber noch feucht ist. Die Pfanne vom Herd nehmen.
4 Die warmen Tortillas auf 4 Teller legen. Jeweils einige Avocadoscheiben danebenlegen, das Rührei auf den Tortillas verteilen und Salsa darübergeben. Die Tortillas mit Koriander garnieren und sofort servieren.

TIPPS
- Wenn Sie in Eile sind, verwenden Sie fertig gekaufte Salsa statt selbst gemachte.
- Statt Rührei können Sie auch pochierte Eier oder Spiegeleier zubereiten.

Haferbrei mit Trockenobst und Nüssen

Reich an: ✓ Ballaststoffen ✓ Kohlenhydraten

Dieses Gericht schmeckt nicht nur köstlich, sondern liefert dreifach Ballaststoffe – aus dem Hafer, dem Trockenobst und den Nüssen. Das Hormon Progesteron verlangsamt die Darmtätigkeit, daher leiden viele Schwangere an Verstopfung. Ein solches Frühstück bringt den Darm in Schwung.

Vorbereiten 5 Minuten
Garen 25 Minuten
Für 4 Personen

60 g Mandelstifte
½ TL Meersalz
180 g grobe Haferflocken
6 getrocknete Apfelringe, grob gehackt
6 getrocknete Aprikosen, grob gehackt
75 g Rosinen
Magermilch zum Anrichten
Ahornsirup zum Beträufeln

1 Die Mandeln in einer kleinen Pfanne bei schwacher Hitze etwa 8 Minuten rösten, bis sie goldgelb sind; dabei die Pfanne gelegentlich rütteln.

2 Inzwischen in einem schweren Topf 2½ l Wasser zum Kochen bringen. Das Salz hineingeben und die Haferflocken langsam einrühren. Wenn das Wasser wieder kocht, die Wärmezufuhr drosseln und die Haferflocken etwa 5 Minuten unter gelegentlichem Rühren köcheln lassen bzw. entsprechend der Packungsanweisung. Die getrockneten Äpfel, Aprikosen und Rosinen einrühren. Den Haferbrei weitere 5 Minuten kochen.

3 Den Haferbrei auf 4 Schüsseln verteilen. Jede Portion mit Magermilch verflüssigen. Mit Ahornsirup beträufeln, mit den gerösteten Mandeln garnieren und sofort servieren.

TIPP
• Dieses Frühstück wird reichhaltiger, wenn Sie Vollmilch statt Magermilch verwenden.

Verstopfung kann im dritten Trimester zum Problem werden, wenn die wachsende Gebärmutter die Darmtätigkeit behindert. Gehen Sie das Problem durch eine ballaststoffreiche Ernährung an.

Blaubeer-Frischkäse-Toast

Reich an: ✓ Antioxidanzien ✓ Ballaststoffen

Aus dem Französischen Toast, dem »Pain perdu«, wird ein sehr gesundes und leckeres Frühstück, wenn man es mit Vollkornbrot und Blaubeeren zubereitet. Blaubeeren sind die Früchte mit dem höchsten Gehalt an Antioxidanzien und damit einer Menge gesundheitsfördernder Eigenschaften.

Vorbereiten 20 Minuten
Garen 15–20 Minuten
Für 4 Personen

150 g aufgetaute Tiefkühlblaubeeren oder frische Blaubeeren
250 g fettreduzierter Frischkäse oder Quark (siehe Vorsichtsmaßnahmen bei Lebensmitteln, Seite 35)
4 Eier
4 Eiweiß
125 ml Magermilch
4 EL Honig
8 Scheiben Vollkornbrot, 1–2 Tage alt
60 g Butter
250 ml Ahornsirup zum Beträufeln
4 EL geröstete Mandelblättchen

1 Blaubeeren und Frischkäse oder Quark in einer Schüssel verrühren. Beiseitestellen.
2 In einer flachen Schale, in der 4 Brotscheiben nebeneinander Platz haben, 2 Eier, 2 Eiweiße, die Hälfte der Milch und 2 Esslöffel Honig verquirlen. 4 Brotscheiben in die Eimischung legen und 5 Minuten einweichen lassen. Die Scheiben wenden und nochmals 5 Minuten einweichen, dann auf eine Platte legen. Restliche Eier, Eiweiße, Milch, Honig und Brot ebenso vorbereiten.
3 Während die zweite Portion Brotscheiben einweicht, die Hälfte der Butter bei mittlerer Hitze in einer großen Pfanne erhitzen. Wenn die Butter nicht mehr schäumt, 4 Brotscheiben hineinlegen, die Temperatur etwas erhöhen und das Brot etwa 3 Minuten braten lassen, bis die Unterseite goldgelb ist. Wenden und weitere 3 Minuten braten.
4 Die Hälfte der Beerenmischung auf 2 Scheiben gleichmäßig verstreichen. Mit den anderen beiden gebratenen Brotscheiben belegen, sodass sich 2 Sandwiches ergeben. Aus der Pfanne nehmen und warm stellen. Die anderen Brotscheiben mit der restlichen Butter und der Blaubeerfüllung auf die gleiche Weise zubereiten.
5 Die Toasts auf 4 Teller legen, mit Ahornsirup beträufeln, mit gerösteten Mandeln bestreuen und sofort servieren.

TIPPS
• Eine kalorienreichere Variante erhalten Sie, wenn Sie die Milch durch Sahne und den fettreduzierten Frischkäse durch vollfetten ersetzen.
• Statt der Blaubeeren können Sie Ihre Lieblingsbeerensorte oder eine Beerenmischung verwenden. Verarbeiten Sie ganze Beeren oder klein geschnittene.
• Die Zubereitung ist mit 2 flachen Schalen und 2 Pfannen schneller.

Frühstück unter der Woche

ÜBERBACKENER MOZZARELLA-TOAST
Seite 100

INGWER-VANILLE-JOGHURT MIT BLAUBEEREN UND BANANEN
Seite 101

FRÜHSTÜCKSBURRITO
Seite 102

HERZHAFTE BRÖTCHEN
Seite 103

NUSS-GRANOLA
Seite 104

Viele Erwachsene verzichten auf das Frühstück. Sie wollen auf ihr Gewicht achten. Sie haben keine Zeit, sich ein Brot zu streichen oder ein Ei zu kochen. Doch schon ein zehnminütiges Frühstück liefert Ihnen Energie für Stunden. Es versorgt Sie mit einem guten Teil der wichtigsten Nährstoffe, die Sie und Ihr Baby benötigen: Kalzium aus der Milch; Vitamin C und Folat aus Obst und Ballaststoffe aus Vollkornflocken und -brot. Tun Sie also sich selbst und Ihrem Baby einen Gefallen: Frühstücken Sie.

Folgende einfache Richtlinien gewährleisten, dass Ihr Frühstück Ihnen den bestmöglichen Start in den Tag gibt:
- Greifen Sie zu ballaststoffreichen Lebensmitteln wie Vollkornflocken oder -brot.
- Essen Sie ein Stück Obst.
- Wichtig ist eine Eiweißquelle wie Milch, Käse, Joghurt, Erdnussbutter oder Eier.
- Verzichten Sie auf zuckerreiche Produkte wie gesüßte Cerealien oder Gebäck.

Seien Sie bei der Zusammenstellung Ihres Frühstücks erfinderisch. Denken Sie daran, dass das Frühstück nicht aus den traditionellen Speisen bestehen muss. Hier einige Ideen für den Anfang:
- tiefgekühlte Vollkornwaffeln, getoastet und mit griechischem Joghurt, Quark oder Crème legère bestrichen und mit Erdbeerscheiben belegt
- eine halbe Galia- oder Honigmelone, mit Hüttenkäse gefüllt
- das Abendessen vom Tag zuvor, in eine Tortilla aus Vollkornweizen gerollt
- ein Vollkornbrötchen oder -bagel, mit fettarmem Streichkäse oder Quark bestrichen und mit Apfelscheiben und Rosinen belegt
- Granola oder Müsli in Vanillejoghurt gerührt, mit Erdbeerscheiben oder Himbeeren und ein wenig Ahornsirup
- Bananenscheiben mit Vanillejoghurt, mit Honig beträufelt und mit grob gehackten Walnüssen und Rosinen oder anderem Trockenobst nach Wahl bestreut.

Überbackener Mozzarella-Toast

Reich an: ✓ **Ballaststoffen** ✓ **Kalzium**

Was könnte schneller gehen als ein mit Käse überbackenes Toastbrötchen? Schieben Sie es in den Ofen, während Sie sich anziehen, wickeln Sie es dann in eine Papierserviette und schon können Sie aus dem Haus. Wenn Sie ein Vollkorntoastbrötchen verwenden und noch etwas frisches Obst dazutun, ist ein gesundes und unglaublich schnelles Frühstück fertig.

Vorbereiten 5 Minuten
Backen 10 Minuten
Für 1 Person

1 Vollkorntoastbrötchen, aufgeschnitten

1 Tomate, in Scheiben geschnitten

60 g Mozzarella, in Scheiben geschnitten

Meersalz zum Abschmecken

frische Basilikumblätter oder frische, gehackte glatte Petersilie zum Garnieren (nach Belieben)

1 Den Backofen auf 200 °C vorheizen. Die Toastbrötchenhälften mit der aufgeschnittenen Seite nach oben auf ein Backblech legen. Die Tomaten- und Käsescheiben darauf verteilen und leicht salzen.
2 Etwa 10 Minuten überbacken, bis der Käse geschmolzen und das Brötchen knusprig ist. Sofort verzehren, auf Wunsch mit Basilikum oder Petersilie.

TIPPS
• Statt Mozzarella können Sie Cheddar oder Gruyère verwenden.
• Versuchen Sie statt der Tomatenscheiben einmal klein geschnittenen Tiefkühlspinat, den Sie zunächst auftauen, ausdrücken und würzen.
• Sie können die Käsetoasts auch unter dem Grill bei mittlerer Temperatur überbacken.

Wenn Sie im ersten Trimester unter Übelkeit leiden, verwenden Sie milden Käse wie Mozzarella. Später, wenn es Ihnen besser geht, schmeckt Ihnen sicher auch ein anderer, würziger Käse.

Ingwer-Vanille-Joghurt mit Blaubeeren und Bananen

Reich an: ✓ Kalzium ✓ Antioxidanzien

Beginnen Sie Ihren Tag mit dieser schnell zubereiteten, leckeren Speise. Der Ingwer verleiht dem Joghurt das gewisse Etwas und hilft bei Übelkeit. Joghurt ist eine hervorragende Kalziumquelle; Blaubeeren sind besonders reich an gesundheitsfördernden Antioxidanzien.

Zubereiten 10 Minuten
Garen keine Garzeit
Für 2 Personen

250 g Vanille-Magermilchjoghurt

2,5 cm frischer Ingwer, geschält und fein gehackt

1 mittelgroße Banane, geschält und in Stücke geschnitten

150 g Blaubeeren

8 EL Granola (selbst gemacht, siehe Seite 104)

1 Joghurt, Ingwer und Banane in den Mixer geben und pürieren.
2 Die Joghurtcreme in zwei Schälchen füllen. Jede Portion mit Blaubeeren und Granola garnieren und sofort servieren.

TIPP
• Wenn Sie nicht auf Ihr Gewicht achten müssen, verwenden Sie Vollmilchjoghurt statt Magermilchjoghurt.

Bananen schmecken zum Frühstück super und besitzen erstaunlich viele Nährstoffe: Vitamin B_6, Ballaststoffe, Vitamin C, Magnesium und Kalium.

Frühstücksburrito

Reich an: ✓ Ballaststoffen ✓ Eiweiß

Dieser vegetarische Burrito ist als gesundes Frühstück schnell gemacht. Die Füllung aus Tofu, Rührei und Käse wird in eine Vollkorntortilla gerollt; dazu kommen Avocadoscheiben und gehackte Tomaten. Tofu ist reich an Ballaststoffen und Eiweiß, Avocados enthalten viele Ballaststoffe und gesunde Fette. Ein super Start in den Tag.

Zubereiten 15 Minuten
Garen 10 Minuten
Für 2 Personen

100 g fester Tofu
3 Eier
3 Eiweiß
½ TL Meersalz
frisch gemahlener schwarzer Pfeffer
15 g Butter
120 g Cheddar, gerieben
4 Vollkorntortilla (25 cm Durchmesser)
1 reife Avocado, geschält, entsteint und in Scheiben geschnitten
1 große Tomate, entkernt und gewürfelt

1 Zunächst die Flüssigkeit aus dem Tofu auspressen. Dazu den Tofu auf eine längliche Platte legen; eine weitere Platte darauflegen und darauf einen schweren Topf stellen. Den Tofu 15 Minuten pressen, dann die Flüssigkeit abgießen. Den Tofu zerkrümeln und beiseitestellen.

2 Die Eier, die Eiweiße, das Salz und schwarzen Pfeffer in einer Schüssel verquirlen. Die Butter in einer Pfanne bei schwacher Hitze schmelzen. Wenn die Butter nicht mehr schäumt, die Eimasse hineingeben und stocken lassen. Die Eimasse mit einer Gabel anheben und die Pfanne schwenken, sodass noch flüssiges Ei auf den Pfannenboden fließt. Die Eier auf diese Weise braten, bis sie fest sind, die Oberfläche aber noch feucht ist. Vom Herd nehmen und den zerkrümelten Tofu einrühren.

3 Den Käse auf den 4 Tortillas gleichmäßig verteilen. Jede Tortilla 30 Sekunden in der Mikrowelle erwärmen, bis der Käse zerläuft.

4 Die Ei-Tofu-Masse auf den Tortillas verteilen. Jede Tortilla mit Avocadoscheiben und Tomatenwürfeln garnieren. Zuerst die Seiten einklappen, dann jede Tortilla aufrollen. Sofort servieren.

TIPPS
• Wenn Sie bei der Essenszubereitung Zeit sparen wollen, können Sie den Tofu am Tag zuvor auspressen.
• Die Tomaten können Sie durch Ihre Lieblingssalsa – selbst gemacht oder gekauft – ersetzen.

Herzhafte Brötchen

Reich an: ✓ Ballaststoffen ✓ Kohlenhydraten

Diese Brötchen sind für Schwangere, die Lust auf Herzhaftes haben, genau das Richtige. Beginnen Sie einen anstrengenden Tag mit Vollkornbrötchen, da die unraffinierten Kohlenhydrate Sie den ganzen Vormittag über mit Energie versorgen und zudem reichlich Ballaststoffe enthalten.

Vorbereiten 10 Minuten
Backen 5 Minuten
Für 2 Personen

2 Vollkornbrötchen
150 g fettarmer Frischkäse
1 Möhre, geputzt und geraspelt
2 Frühlingszwiebeln, geputzt und in dünne Ringe geschnitten
1 Tomate, in Scheiben geschnitten
1 kleine Gurke, in Scheiben geschnitten

1 Die Brötchen aufschneiden und toasten.
2 Inzwischen Frischkäse, Möhren und Frühlingszwiebeln gut miteinander vermischen.
3 Jeweils die gleiche Menge Frischkäse-Mischung auf jede Brötchenhälfte streichen. Mit einer Tomatenscheibe und Gurkenscheiben belegen und servieren.

TIPPS
- Sie können anstelle der Brötchen auch 4 Scheiben Vollkornbrot oder Vollkornbagels verwenden.
- Die Frischkäsemasse kann am Tag zuvor zubereitet und im Kühlschrank aufbewahrt werden.

Wenn Sie fettarmen Frischkäse verwenden, sparen Sie ein wenig gesättigte Fette ein; Eiweiß und Kalzium sind in der gleichen Menge enthalten. Dasselbe gilt für andere Milchprodukte wie Käse, Joghurt und Milch.

Nuss-Granola

Reich an: ✓ Ballaststoffen ✓ Antioxidanzien

Hüten Sie sich vor fertigen Granolaprodukten (Knuspermüsli) – häufig enthalten sie viel Zucker und Fett. Machen Sie stattdessen Ihr Granola selber; mit Milch oder Jogurt ist es ein schnelles, sättigendes Frühstück sowie ein ballaststoffreicher Snack. Sie können es in den ersten Tagen mit dem Neugeborenen, wenn Sie nur eine Hand frei haben, knabbern!

Vorbereiten 5 Minuten
Garen 20 Minuten
Für 8 Personen

125 g Haferflocken
60 g Walnusskerne, grob gehackt
75 g nicht blanchierte Mandeln, grob gehackt
50 g Sesam
1 große Prise Meersalz
25 g geröstete Weizenkeime
75 g brauner Zucker
½ TL gemahlener Zimt
150 g getrocknete Cranberries

1 In einer großen, schweren Pfanne bei mittlerer Hitze Haferflocken, Walnüsse und Mandeln unter häufigem Rühren etwa 6 Minuten rösten, bis sie Farbe annehmen. Den Sesam dazugeben und unter häufigem Rühren weitere 5 Minuten rösten.
2 Salz, Weizenkeime und braunen Zucker einrühren. Unter ständigem Rühren etwa 1 Minute rösten, bis der Zucker geschmolzen ist. Die Temperatur verringern und den Zimt und die getrockneten Cranberries unterrühren.
3 Das Granola in einer Schicht auf einem großen Backblech verteilen und auskühlen lassen. In einem luftdichten Behälter aufbewahrt, bleibt es bis zu 1 Woche knusprig.

TIPPS
- Gießen Sie Milch über Ihr Granola und geben Sie frische Blaubeeren hinein.
- Geben Sie etwas Granola, einige klein geschnittene Erdbeeren und etwas Honig über Vanillejoghurt.
- Wenn das Granola abgekühlt ist, können Sie eine Handvoll Bitterschokolade-Chips hineinrühren – Bitterschokolade enthält reichlich Antioxidanzien.
- Ersetzen Sie die Walnüsse oder Mandeln durch Pekannüsse oder Cashewkerne.
- Geben Sie 1–2 Esslöffel gemahlenen Leinsamen unter das abgekühlte Granola.

Leichte Mahlzeiten und Snacks

PFANNENGERÜHRTER PAK CHOI UND PAPRIKA MIT GEBACKENEM TOFU
Seite 108

BROKKOLI-KÄSE-KARTOFFELN
Seite 111

SESAM-TOFU MIT ORANGEN-INGWER-BROKKOLI
Seite 112

SANDWICH MIT KNOBLAUCHWURST UND MANGOLD
Seite 113

VOLLKORNWRAPS MIT SCHARFEN WEISSEN BOHNEN UND GEMÜSE
Seite 114

PIZZA-BAGUETTE
Seite 116

MANGOLD-FETA-FRITTATA
Seite 117

GEDÄMPFTER BROKKOLI MIT HIMMLISCHER DIP-SAUCE
Seite 118

SÜSSKARTOFFEL-PEKAN-BROT
Seite 119

MÜSLI-RIEGEL
Seite 120

TEEBRÖTCHEN MIT SCHOKOLADE UND GETROCKNETEN KIRSCHEN
Seite 121

In der Schwangerschaft sind leichte Mahlzeiten und Zwischenmahlzeiten oft die beste Form der Ernährung. Schon bald werden Sie feststellen, dass ein leerer Magen Übelkeit und eine große Mahlzeit Unbehagen verursacht. Relativ geschmacksneutrale Lebensmittel wie Cracker, Reis, Nudeln oder Kartoffeln sind ideal, wenn Sie ein flaues Gefühl im Magen haben. Wenn die wachsende Gebärmutter immer mehr Platz beansprucht, ist es normal, schnell ein Völlegefühl zu verspüren.

Die meisten Schwangeren haben etwa alle 3–4 Stunden Hunger, sind jedoch bei einer Mahlzeit schnell satt und können sie nicht aufessen; wenn Sie sich zwingen, mehr zu essen, fühlen Sie sich danach nicht wohl. Eine gute Alternative sind häufige kleine Mahlzeiten und Snacks.

Sandwiches und Wraps sind großartige schnelle, leichte Mahlzeiten; man kann sie am Tisch oder unterwegs verzehren. Nutzen Sie das Angebot an gesunden Brot- und Tortillasorten, die auch Ballaststoffe enthalten, wie Mehrkorn-, Vollkorn-, Kleie- oder Haferprodukte. Verfeinern Sie belegte Brote mit Salat, Tomaten und anderem Gemüse wie Gurken, Paprika oder Möhren. Obst, Gemüse und Toast sind auch »solo« ein idealer Snack.

Denken Sie daran, dass die Schwangerschaft nicht die geeignete Zeit zum Abnehmen ist. Das meiste Gewicht, das Sie zulegen, besteht aus fettfreier Körpermasse. Am Geburtstermin Ihres Babys bestehen nur 1,8–2,2 kg der gesamten Gewichtszunahme aus Fett. Sie müssen Ihre tägliche Kalorienzufuhr erhöhen, damit Sie gesund zunehmen, was für die Entwicklung Ihres Babys, der Gebärmutter, Ihrer Brüste sowie zur Blutbildung unverzichtbar ist.

Sie können Ihr Gewicht besser kontrollieren, wenn Sie leichte Mahlzeiten zu sich nehmen und – wenn Sie der Hunger überkommt – gesunde Snacks. Diese kleinen Häppchen helfen Ihnen, bis zur nächsten Mahlzeit durchzuhalten.

Pfannengerührter Pak choi und Paprika mit gebackenem Tofu

Reich an: ✓ Eiweiß ✓ Ballaststoffen ✓ Folat

Bei diesem Gericht isst das Auge mit und es kann selbst den überzeugtesten Steak-Liebhaber zum Vegetarier bekehren. Nüsse liefern nicht nur wertvolles Eiweiß, sondern auch Ballaststoffe und Folat. Dieses Gericht enthält auch viel Ingwer, der Übelkeit lindert.

Vorbereiten 20 Minuten
Garen 15 Minuten
Für 4 Personen

450 g extrafester Tofu
2 EL Tamari oder Sojasauce
1 EL Zucker
4 EL Sesam
1 EL Rapsöl

Pfannengerührtes Gemüse

1 EL Rapsöl
2,5 cm frischer Ingwer, geschält und in dünne Scheiben geschnitten
1 rote Paprikaschote, von den Samen befreit und in Streifen geschnitten
500 g Brokkoli, in Röschen zerteilt
350 g Pak choi, Stängel in 2,5 cm große Stücke geschnitten und Blätter gehackt
3 EL Schwarze-Bohnen-Sauce
75 g ungesalzene Cashewkerne, grob gehackt

1 Die Flüssigkeit aus dem Tofu auspressen (siehe Seite 102).

2 Den Backofen auf 200 °C vorheizen. Den Tofu in Würfel schneiden und in eine flache Schüssel füllen. Tamari oder Sojasauce und Zucker zum Tofu geben und vorsichtig untermischen. Mit dem Sesam bestreuen und gut vermischen. Ein Backblech mit Rapsöl einfetten. Die Tofuwürfel nebeneinander auf das Blech legen. Den Tofu etwa 15 Minuten backen, bis er goldgelb ist.

3 Inzwischen das Gemüse pfannenrühren. Dafür das Rapsöl in einem Wok bei hoher Temperatur erhitzen und den Ingwer darin 30 Sekunden garen. Rasch die Paprikastreifen, Brokkoliröschen und Pak-choi-Stängel dazugeben. Das Gemüse 2 Minuten pfannenrühren.

4 Die Pak-choi-Blätter und 250 ml Wasser dazugeben. 1 Minute rühren. Die Schwarze-Bohnen-Sauce angießen und 1 weitere Minute rühren.

5 Das Pfannengerührte auf eine große Platte geben. Die gehackten Cashewkerne und die Tofu-Würfel darüberstreuen und sofort servieren.

TIPPS

- Schwarze-Bohnen-Sauce gibt es mit und ohne Knoblauch im Asia-Markt.
- Das pfannengerührte Gemüse kann mit weißem oder braunem Reis oder mit chinesischen Eiernudeln serviert werden.

Brokkoli-Käse-Kartoffeln

Reich an: ✓ Kalzium ✓ Ballaststoffen

Dieses Gericht wird Ihnen im zweiten und dritten Trimester sowie nach der Geburt schmecken. Es versorgt Sie mit Kalzium und Ballaststoffen – das Kalzium steckt im Brokkoli (einer der besten pflanzlichen Lieferanten) und dem Käse, die Ballaststoffe im Brokkoli und den Kartoffeln.

Vorbereiten 15 Minuten
Garen 1¼ Stunden
Für 4 Personen

4 große Ofenkartoffeln, abgebürstet
Olivenöl zum Bestreichen
500 g Brokkoli, in Röschen zerteilt
500 g fettarmer Hüttenkäse
1 große Tomate, entkernt und gewürfelt
250 g Cheddar, gerieben
1 TL Meersalz
frisch gemahlener schwarzer Pfeffer

1 Den Backofen auf 200 °C vorheizen. Jede Kartoffel 3- oder 4-mal mit einer Gabel einstechen, mit Olivenöl bestreichen und 45–60 Minuten weich backen.
2 Inzwischen in einem Topf 5 cm Wasser zum Kochen bringen. Den Brokkoli hineingeben und zugedeckt etwa 5 Minuten garen, bis er kräftig grün und gerade gar ist. Abgießen und mit fließendem kalten Wasser abschrecken. Beiseitestellen.
3 Die weichen Kartoffeln aus dem Ofen nehmen. Den Ofen eingeschaltet lassen. Jede Kartoffel der Länge nach halbieren und etwas abkühlen lassen. Das Innere der Kartoffel bis auf einen ½ cm dicken Rand vorsichtig mit einem Löffel herausschaben und in eine Schüssel füllen. Die Kartoffelmasse mit einer Gabel zerdrücken. Hüttenkäse, Tomatenwürfel, etwas mehr als die Hälfte des Cheddars und die gekochten Brokkoliröschen einrühren. Mit Salz und schwarzem Pfeffer abschmecken.
4 Die Masse in die ausgehöhlten Kartoffelhälften geben. Mit dem restlichen Cheddar bestreuen. Die Kartoffeln im Ofen etwa 10 Minuten überbacken, bis der Käse geschmolzen ist. Heiß servieren.

TIPPS
- Ersetzen Sie den Brokkoli durch Spinat, den Sie mit Knoblauch in Olivenöl gedämpft haben. Oder bereiten Sie eine Füllung mit Ihrem Lieblingsgemüse zu.
- Die Kartoffeln können am Tag zuvor gebacken und ausgehöhlt werden. Dann werden sie im Kühlschrank aufbewahrt. Da sie dann kalt in den Ofen gestellt werden, dauert es 25 Minuten, bis sie richtig heiß sind.
- Bereiten Sie ruhig etwas mehr zu, da sich die Kartoffeln gut in der Mikrowelle aufwärmen lassen – ein schnelles Abendessen nach einem anstrengenden Tag.

Sesam-Tofu mit Orangen-Ingwer-Brokkoli

Reich an: ✓ Eiweiß ✓ Kalzium ✓ Ballaststoffen

Eine vegetarische Kost ist in der Schwangerschaft gesund; Tofu bildet dabei eine optimale pflanzliche Eiweißquelle. Brokkoli ist reich an Kalzium und Ballaststoffen. Dieses Gericht ist einfach zuzubereiten – die meiste Zeit erfordert das Vorbereiten des Tofus, was am Tag zuvor erfolgen kann.

Vorbereiten 50 Minuten
Garen 15 Minuten
Für 4 Personen

450 g extrafester Tofu
2 EL Tamari oder Sojasauce
125 ml Orangensaft
½ TL Meersalz
4 EL Sesam
1 EL Rapsöl

Orangen-Ingwer-Brokkoli

750 g Brokkoli
1 EL Rapsöl
2,5 cm frischer Ingwer, geschält und in dünne Scheiben geschnitten
2 EL Tamari oder Sojasauce
250 ml Orangensaft
1 EL Zucker

1 Den Tofu auspressen (siehe Seite 102). Den Tofu in Würfel schneiden und in eine flache Schale legen. Tamari oder Sojasauce, Orangensaft und Salz verrühren. Die Mischung über den Tofu gießen und alles vorsichtig vermengen. Den Tofu mindestens 30 Minuten marinieren – oder über Nacht.

2 Den Backofen auf 200 °C vorheizen. Die Marinierflüssigkeit abgießen. Den Tofu mit dem Sesam bestreuen und gut darin wenden, damit er gleichmäßig paniert ist. Ein Backblech mit 1 Esslöffel Rapsöl einfetten. Die Tofuwürfel in einer Schicht darauf verteilen. In etwa 15 Minuten goldgelb backen.

3 Für den Orangen-Ingwer-Brokkoli inzwischen den Brokkoli in Röschen zerteilen; die Stängel schälen und in Scheiben schneiden. Das Öl in einem Topf stark erhitzen. Den Ingwer hineingeben und 30 Sekunden anbraten. Die Brokkolischeiben hineingeben und 2 Minuten unter häufigem Wenden garen. Die Brokkoliröschen dazugeben und 1 Minute garen.

4 Tamari oder Sojasauce, Orangensaft und Zucker dazugeben und alles zugedeckt unter gelegentlichem Rühren etwa 5 Minuten weich garen. Brokkoli und Tofu auf 4 Teller verteilen und sofort servieren.

TIPP

• Wenn Sie zu diesem Gericht Naturreis servieren, reichern Sie es zusätzlich mit Ballaststoffen und unraffinierten Kohlenhydraten an.

Sandwich mit Knoblauchwurst und Mangold

Reich an: ✓ Folat ✓ Eiweiß

Diese köstlichen Sandwiches stillen im zweiten Trimester Ihr Verlangen nach herzhaften Speisen. Verwöhnen Sie Ihren Gaumen mit den kontrastierenden Aromen von Schweinewurst, Knoblauch und Mangold. Die Sandwiches sind deftig, liegen aber nicht schwer im Magen.

Vorbereiten 10 Minuten
Garen 20 Minuten
Für 2 Personen

1 EL Olivenöl

175 g würzige Schweine- oder Geflügelbratwürste, die Pelle entfernt, das Brät zerbröselt

2 Knoblauchzehen, in dünne Scheiben geschnitten

1 großer Bund Mangold, etwa 500 g, ohne Stängel, die Blätter grob geschnitten

1 Prise Meersalz

frisch gemahlener schwarzer Pfeffer

1 Baguette, 20–25 cm lang

1 Das Olivenöl in einer großen Pfanne bei hoher Temperatur erhitzen. Das Wurstbrät hineingeben und unter gelegentlichem Wenden 3 Minuten anbraten, bis es gebräunt und krümelig ist. Mit einem Schaumlöffel auf einen Teller geben.

2 Auf schwache Hitze schalten und eventuell noch etwas Olivenöl in die Pfanne geben. Den Knoblauch darin 30 Sekunden unter ständigem Wenden garen. Auf starke Hitze schalten und den Mangold dazugeben. Mit Salz würzen und 2 Minuten bei häufigem Wenden anbraten.

3 Das Wurstbrät wieder in die Pfanne geben und 3 Esslöffel Wasser angießen. Alles gut vermengen und zugedeckt unter gelegentlichem Rühren etwa 3 Minuten dämpfen, bis der Mangold weich ist. Mit schwarzem Pfeffer abschmecken.

4 Inzwischen das Baguette halbieren und jede Hälfte quer durchschneiden. Zum Anrichten die Wurst-Mangold-Masse auf den Baguettehälften verteilen. Die Hälften zusammenklappen und sofort servieren.

TIPP

- Statt Mangold können Sie Spinat oder zarte Brokkoliröschen verwenden. Spinat ist gar, sobald er zusammenfällt; Brokkoliröschen benötigen etwa die halbe Kochzeit wie Mangold, insgesamt etwa 5 Minuten.

LEICHTE MAHLZEITEN UND SNACKS

Vollkornwraps mit scharfen weißen Bohnen und Gemüse

Reich an: ✓ Ballaststoffen ✓ Kohlenhydraten

Diese köstlichen Wraps sind vollgepackt mit Ballaststoffen aus den Vollkorntortillas, den Bohnen und dem Gemüse. Eine solche leichte, ballaststoffreiche Mahlzeit bringt im dritten Trimester und nach der Geburt den Darm in Schwung, ohne ein unangenehmes Völlegefühl zu verursachen.

Vorbereiten 10 Minuten
Garen keine Garzeit
Für 4 Personen

1 Dose (ca. 425 g) weiße Bohnen, zum Beispiel Cannellini-Bohnen, abgetropft und abgespült

Saft von 1 Zitrone

2 EL grob gehackte Mandeln

30 g frische Korianderblätter

½ TL Meersalz

frisch gemahlener schwarzer Pfeffer

4 Vollkorntortillas oder andere dünne Teigfladen (25 cm Durchmesser)

1 große Möhre, geputzt und geraspelt

¼ große Gurke, in Scheiben geschnitten

1 große Tomate, in dünne Scheiben geschnitten

1 gegrillte rote Paprikaschote in Öl, abgetropft und in Streifen geschnitten

4 Blätter Romanasalat

1 Bohnen, Zitronensaft, Mandeln, Koriander und Salz miteinander glatt pürieren. In eine Schüssel füllen und mit schwarzem Pfeffer würzen.

2 Die Tortillas auf eine Arbeitsfläche legen. Je 2 gehäufte Esslöffel der Bohnenmischung gleichmäßig auf jeder Tortilla verstreichen und mit geriebenen Möhren, Gurken- und Tomatenscheiben, Paprikastreifen und einem Salatblatt belegen.

3 Die Seiten einklappen und jede Tortilla zu einem Wrap zusammenrollen. Sofort servieren.

TIPPS

- Statt der weißen Bohnen können Sie schwarze Bohnen aus der Dose verwenden.
- Die Bohnenfüllung kann mehrere Tage im Voraus zubereitet und zugedeckt im Kühlschrank aufbewahrt werden.
- Die Bohnenfüllung schmeckt auch als Dip zu rohem oder gedämpftem Gemüse.

Pizza-Baguette

Reich an: ✓ Kohlenhydraten ✓ Kalzium

Wenn Sie einige tiefgekühlte Baguettes vorrätig haben, können Sie jederzeit im Handumdrehen diese köstliche Pizza zubereiten, auch wenn Sie müde von der Arbeit nach Hause kommen – die Kohlenhydrate liefern Energie. Der Käse versorgt Sie mit Kalzium, von dem Sie im dritten Trimester besonders viel benötigen, da sich die Knochen Ihres Babys aushärten.

Vorbereiten 10 Minuten
Garen 12 Minuten
Für 4 Personen

1 Baguette, ca. 30 cm lang
2 Dosen (je ca. 400 g) Tomaten in Saft, abgegossen und püriert
1 EL Zucker
½ TL Meersalz
25 g frische Basilikumblätter, zerzupft
4 EL geriebener Pecorino
250 g (2 Kugeln) halbfetter Mozzarella, in Scheiben oder gerieben
getrockneter Oregano (nach Geschmack)

1 Den Backofen auf 200 °C vorheizen. Das Baguette halbieren und jede Hälfte der Länge nach durchschneiden. Die Baguettehälften mit der Schnittfläche nach oben auf ein Backblech legen.
2 Für die Sauce die pürierten Tomaten, Zucker, Salz und Basilikum verrühren. Eine dünne Schicht Sauce auf jede Baguettehälfte streichen. Pecorino und Mozzarella gleichmäßig darauf verteilen. Mit Oregano würzen.
3 Die Pizzen im Ofen etwa 12 Minuten backen, bis der Käse Blasen wirft. Dann auf 4 Teller verteilen und heiß servieren, nach Belieben mit einem Salatblatt garniert.

TIPPS
• Ein einfacher Belag aus gedämpften Brokkoliröschen oder jungem Blattspinat zaubert zusätzliche Ballaststoffe, Kalzium und Folat auf die Pizza-Baguettes.
• Wenn Sie eine kalorienreichere Kost benötigen, verwenden Sie vollfetten Mozzarella.
• Die Sauce kann auch zu frisch gekochten Nudeln gereicht werden.
• Wenn Tomatensaison ist und die Tomaten sehr aromatisch sind, bereiten Sie die Sauce mit enthäuteten, entkernten und klein gehackten frischen Tomaten zu.

Mangold-Feta-Frittata

Reich an: ✓ Folat ✓ Omega-3-Fettsäuren

Eine Frittata ist ein italienisches Omelett, ideal als leichtes Mittagessen, schnelles Abendessen oder zum Brunch. Jedes grüne Blattgemüse ist reich an Folat. Mangold schmeckt süßlich und erdig und nicht bitter. Verwenden Sie mit Omega-3-Fettsäuren angereicherte Eier. Dadurch unterstützen Sie die Gehirn- und die neuronale Entwicklung Ihres Babys.

Vorbereiten 10 Minuten
Garen 15 Minuten
Für 2 Personen

2 EL Olivenöl

3 Knoblauchzehen, in dünne Scheiben geschnitten

350 g Mangold, grob gehackt

½ TL Meersalz

4 Eier

2 Eiweiß

frisch gemahlener schwarzer Pfeffer

60 g pasteurisierter Feta, zerbröckelt

1 Den Backofen auf 200 °C vorheizen. 1 Esslöffel Olivenöl in einer 25 cm großen, feuerfesten Pfanne bei mittlerer Temperatur erhitzen. Den Knoblauch darin etwa 45 Sekunden garen, bis er weich ist und duftet. Den Mangold dazugeben und mit dem Salz bestreuen. Zugedeckt unter häufigem Rühren etwa 6 Minuten weich dämpfen.
2 Inzwischen die Eier und Eiweiße verquirlen. Mit schwarzem Pfeffer würzen.
3 Das restliche Olivenöl in die Pfanne geben und die Eimasse hineingießen. Wenn die Eier nach 1 Minute zu stocken beginnen, die Ränder der Frittata mit einem Pfannenwender anheben und die Pfanne schwenken, damit die rohe Eimasse in die heiße Pfanne läuft. Die Frittata auf diese Weise weitere 3 Minuten braten, bis die Oberseite nicht mehr flüssig, aber noch feucht ist.
4 Den zerkrümelten Käse gleichmäßig auf der Frittata verteilen. Die Pfanne in den Ofen stellen und etwa 3 Minuten backen, bis der Käse schmilzt und die Frittata oben trocken ist. Die Frittata auf einen Teller gleiten lassen und in Tortenstücke schneiden. Heiß oder mit Zimmertemperatur servieren.

TIPPS
- Anstatt Mangold können Sie Spinat verwenden. Spinat wird bei mittlerer Temperatur etwa 2 Minuten gedämpft, bis er zusammenfällt.
- Sie können die Oberseite der Frittata auch unter dem vorgeheizten Grill fertig backen.
- Mit grünem Salat und Bauernbrot ergibt die Frittata eine komplette Mahlzeit.

Gedämpfter Brokkoli mit himmlischer Dip-Sauce

Reich an: ✓ Kalzium ✓ Folat ✓ Ballaststoffen

Brokkoli ist ein ideales Nahrungsmittel in der Schwangerschaft. Er ist reich an Kalzium, Folat und Ballaststoffen und lässt sich einfach und schnell zubereiten. Und er ist sowohl als Beilage wie auch als Snack geeignet. Er wird Ihnen mit diesem einfachen Kräuterdip schmecken.

Vorbereiten 10 Minuten
Garen 10 Minuten
Für 4 Personen

1 kg Brokkoli
1 TL Meersalz

Dip-Sauce

2 EL fettreduzierte Mayonnaise
2 EL griechischer Joghurt
1 kleine Knoblauchzehe, fein gehackt
1 EL Apfelessig
1 EL feinster Zucker
½ TL Meersalz
175 ml Buttermilch
25 g frische glatte Petersilie, gehackt
25 g frische Korianderblätter, gehackt
frisch gemahlener schwarzer Pfeffer

1 Für den Dip Mayonnaise, Joghurt, Knoblauch, Essig, Zucker und Salz verrühren. Die Buttermilch langsam unterschlagen. Petersilie und Koriander einrühren. Die Sauce mit Pfeffer abschmecken. In eine Sauciere geben und beiseitestellen.
2 Den Brokkoli in Röschen teilen. Die Stängel schälen und in Stücke schneiden. In einen großen Topf Wasser 5 cm hoch einfüllen und zum Kochen bringen. Das Salz hineingeben. Die Brokkolistücke darin zugedeckt 3 Minuten garen. Die Brokkoliröschen dazugeben, unterrühren und zugedeckt 3 Minuten garen. Nochmals umrühren und zugedeckt weitere 2 Minuten garen, bis der Brokkoli weich ist.
3 Den Brokkoli in ein Sieb abgießen. Unter kaltem Wasser abschrecken. Auf eine Platte geben und mit der Dip-Sauce servieren.

TIPPS
• Sauce und Brokkoli können am Tag zuvor zubereitet werden. Abgedeckt im Kühlschrank aufbewahren.
• Der Dip eignet sich auch als herzhaftes Salatdressing; er passt hervorragend zu gedämpften Möhren und Spargel, rohen Pilzen und roten Paprikaschoten.

Süßkartoffel-Pekan-Brot

Reich an: ✓ Eiweiß ✓ Ballaststoffen

Dieses saftige, leicht süßliche Brot schmeckt nachmittags oder zum Frühstück, getoastet und mit Frischkäse bestrichen. Der Tofu und die Pekannüsse liefern zusätzlich Eiweiß und Ballaststoffe und machen das Brot weich und kernig. Zum einfrieren (bis zu 2 Wochen) schneiden Sie das Brot in Scheiben, die Sie tiefgekühlt toasten können.

Vorbereiten 1 Stunde
Backen 45–60 Minuten
Für 12 Stücke

Rapsöl zum Einfetten der Form
400 g zerdrückte Süßkartoffeln (etwa 3 mittelgroße)
85 g Seiden-Tofu, püriert oder fein zerdrückt
150 g Rohrzucker
2 EL klarer Honig
2 EL Rapsöl
1 TL Vanille-Extrakt
2 Eier
175 g Weizenmehl Type 405
85 g Weizenmehl Type 1050
1½ TL Natron
1 TL Backpulver
1 TL gemahlener Zimt
100 g Pekannüsse, grob gehackt

1 Den Backofen auf 180 °C vorheizen. Eine 900-g-Brotform mit Rapsöl ausstreichen und den Boden mit Backpapier auslegen.
2 Die zerdrückten Süßkartoffeln, den Tofu, Rohrzucker und Honig, das Rapsöl, den Vanille-Extrakt und die Eier in eine Rührschüssel geben und gut verrühren. In einer zweiten Schüssel die beiden Mehlsorten, Natron, Backpulver und Zimt mischen. Zu dem Kartoffelteig geben, nur kurz unterrühren, sodass die Zutaten sich vermengen. Die Pekannüsse vorsichtig unterheben.
3 Die Masse in die vorbereitete Brotform füllen und im Ofen 45–60 Minuten backen, bis bei der Garprobe kein Teig mehr am Stäbchen hängen bleibt. Das Brot auf einen Backrost stürzen und vor dem Anschneiden auskühlen lassen.

TIPP
• Die Zubereitungszeit verkürzt sich, wenn Sie die Kartoffeln einen Tag früher garen; schälen und zerstampfen Sie sie, wenn Sie das Brot backen wollen.

Mit diesem selbst gebackenen Teebrot lässt sich der Appetit auf Süßes auf gesunde Art stillen – statt mit Süßigkeiten.

Müsli-Riegel

Reich an: ✓ Omega-3-Fettsäuren ✓ Ballaststoffen

Bereiten Sie diese ballaststoffreichen, köstlich knackigen Riegel im Voraus zu und legen Sie sie in den Kühlschrank. So haben Sie eine kleine Leckerei griffbereit. Leinsamen ist eine der wenigen pflanzlichen Quellen für Omega-3-Fettsäuren, die besonders im dritten Trimester für die Gehirnentwicklung des Fetus wichtig sind.

Vorbereiten 15 Minuten
Backen 18 Minuten
Für 9 Riegel

Rapsöl zum Einfetten der Form
115 g Leinsamen
125 ml Apfelsaft
150 ml brauner Reissirup
2 EL Ahornsirup
8 Datteln, entkernt und gehackt
75 g Sultaninen
175 g Haferflocken
30 g Reiscrispies
1 TL Backpulver
4 EL Sonnenblumenkerne
4 EL geröstete Weizenkeime

1 Den Backofen auf 180 °C vorheizen. Eine viereckige Backform (23 cm) mit Rapsöl einfetten. Den Leinsamen in einer sauberen Kaffeemühle mehlfein mahlen. Beiseitestellen.
2 Apfelsaft, Reissirup und Ahornsirup in einem kleinen Topf verrühren und vorsichtig erwärmen. Beiseitestellen.
3 Datteln und Sultaninen im Mixer pürieren, bis die Masse einen Klumpen bildet. Das Obstpüree in eine Rührschüssel geben.
4 Haferflocken, Reiscrispies und Backpulver in den Mixer geben und 10 Sekunden mixen. In die Schüssel zum Fruchtpüree geben. Den gemahlenen Leinsamen, Sonnenblumenkerne und Weizenkeime dazugeben. Die Zutaten gründlich verrühren. Saft-Sirup-Mischung dazugießen und alles gut miteinander verkneten.
5 Die Masse in die vorbereitete Form streichen. Etwa 18 Minuten backen, bis bei der Garprobe kein Teig am Stäbchen hängen bleibt. Aus dem Ofen nehmen, etwas abkühlen lassen und in 9 Riegel schneiden. Die vollständig abgekühlten Riegel aus der Form nehmen und einzeln in Frischhaltefolie wickeln. Sie bleiben im Kühlschrank bis zu 3 Tage frisch.

TIPPS
- Die Datteln können Sie durch in Scheiben geschnittene, getrocknete Feigen ersetzen.
- Wenn Sie keine Kaffeemühle besitzen, können Sie den Leinsamen in einem Rührbecher mit dem Pürierstab zerkleinern. Decken Sie den Rührbecher ab, damit kein Samen herausfliegt. Der Leinsamen wird dabei nicht so fein gemahlen wie in der Kaffeemühle, kann aber für das Rezept gut verwendet werden.

Teebrötchen mit Schokolade und getrockneten Kirschen

Reich an: ✓ Antioxidanzien ✓ Ballaststoffen

Lust auf Schokolade? Wer hat die nicht! Bitterschokolade ist eine gute Quelle für Antioxidanzien; Studien zeigen, dass die Babys von Müttern, die in der Schwangerschaft Schokolade aßen, im Alter von sechs Monaten mehr lächeln. Die Teebrötchen lassen sich gut einfrieren.

Vorbereiten 10 Minuten
Backen 12 Minuten
Für 8 Teebrötchen

Rapsöl zum Einfetten des Backblechs
200 g Weizenmehl Type 405
70 g Vollkornmehl
1 EL Backpulver
1 Prise Meersalz
60 g feinster Zucker
60 g kalte Butter
1 Ei, Zimmertemperatur
5–6 EL Vollmilch, bei Bedarf mehr
75 g getrocknete Kirschen
100 g gute Bitterschokolade, in kleine Stücke geschnitten

1 Den Backofen auf 190 °C vorheizen. Ein Backblech dünn einfetten. Beiseitestellen.
2 In einer großen Schüssel die Mehle, Backpulver, Meersalz und Zucker gut vermengen. Mit den Fingerspitzen die Butter unterarbeiten, bis die Masse krümelig ist.
3 In einer mittelgroßen Schüssel das Ei und die Milch verquirlen. Die Eiermilch unter die trockenen Zutaten rühren, bis der Teig feucht und klebrig ist. Die getrockneten Kirschen und die Schokoladenstücke unterheben.
4 Den Teig auf eine bemehlte Arbeitsfläche geben und zu einem 2 cm dicken Kreis ausrollen. Den Kreis in 8 keilförmige Brötchen schneiden. Die Teebrötchen mit 1 cm Abstand auf das vorbereitete Backblech legen.
5 Die Teebrötchen etwa 12 Minuten backen, bis sie hellbraun und gar sind. Zum Abkühlen auf einen Backrost legen. Warm oder mit Zimmertemperatur servieren.

TIPPS
• Die ausgekühlten Teebrötchen können gut eingefroren werden: Wickeln Sie sie einzeln in Alufolie und stecken Sie sie dann in einen Gefrierbeutel. Sie sind in der Tiefkühltruhe bis zu 6 Monate haltbar. Vor dem Verzehr legen Sie die in Alufolie gewickelten Brötchen auf ein Backblech und wärmen sie in dem auf 180 °C vorgeheizten Ofen etwa 10 Minuten auf. Vor dem Servieren kurz abkühlen lassen.
• Wer möglichst wenig zunehmen möchte, ersetzt die Vollmilch durch Magermilch. Für eine kalorienreichere Variante verwenden Sie für den Teig Sahne.
• Die getrockneten Kirschen können Sie durch getrocknete Cranberries oder getrocknete Blaubeeren, beide reich an Antioxidanzien, ersetzen.

LEICHTE MAHLZEITEN UND SNACKS

Suppen, Salate und Beilagen

PIKANTE LINSEN-BLUMENKOHL-SUPPE
Seite 124

RINDFLEISCHSUPPE MIT GRAUPEN UND ENDIVIE
Seite 125

HÄHNCHENSALAT MIT SESAM
Seite 126

BOHNEN-BULGUR-SALAT MIT PETERSILIE UND ZITRONE
Seite 127

ROMANASALAT MIT MINZE, DATTELN, ORANGEN UND MANDELN
Seite 129

GURKEN MIT ZWIEBEL, MINZE UND FETA
Seite 130

NUDELSALAT MIT BROKKOLI, SPINAT UND TOMATEN IN SAHNIGEM DRESSING
Seite 132

COUSCOUS MIT OLIVENÖL UND PETERSILIE
Seite 133

KARTOFFELBREI MIT OLIVENÖL UND GEBRATENEM KNOBLAUCH
Seite 134

GEBACKENER SPARGEL MIT PINIENKERNEN UND BLAUSCHIMMELKÄSE
Seite 135

GRÜNKOHL MIT HERZHAFTER WURST
Seite 136

ZIMT-KÜRBIS
Seite 137

GEBACKENES PROVENZALISCHES GEMÜSE
Seite 139

Nur wenige Gerichte sind an einem kühlen Abend wohltuender und nährstoffreicher als ein Teller dampfende Suppe. Sie benötigen dazu keine außergewöhnlichen Zutaten; alles, was Sie brauchen, haben Sie wahrscheinlich vorrätig. Salate können als Hauptgericht oder Beilage zu einer leichten Mahlzeit serviert werden. Sie können unzählige Variationen kreieren. Beilagen versorgen Sie mit zusätzlichen Nährstoffen, die in der Schwangerschaft wichtig sind, und sie runden ein Hauptgericht ab.

Die meisten Suppen sind schnell zubereitet und kochen fast von selbst. Sie müssen nur hin und wieder umrühren. Wenn Sie eine anstrengende Woche vor sich haben, bereiten Sie am Wochenende einen großen Topf gesunde Suppe zu. Dann können Sie sich jederzeit eine Portion aufwärmen. Ein Eintopf mit Bohnen, Fleisch oder Tofu, Getreide und Gemüse enthält alle Nährstoffe, die Sie und Ihr Baby benötigen.

Ein Salat muss nicht immer aus Blattsalat und ein paar Tomaten und Gurken bestehen. Kombinieren Sie verschiedene Blattsalate und Gemüse und geben Sie geröstete Nüsse, Käse oder gekochte Bohnen als Eiweißquelle dazu. Ein paar getrocknete Cranberries, Kirschen und Rosinen oder frisches Obst wie Mango oder Apfel verleihen ein süßes Aroma. Bestreuen Sie den Salat mit geröstetem Sesam. Verwenden Sie reife, frische Zutaten und variieren Sie die Essigsorten für Ihre Vinaigrette. Wechseln Sie auch beim Öl ab – Oliven-, Walnuss-, Erdnussöl – sie enthalten alle gesunde Fette.

Dunkelgrünes Gemüse ist eine gesunde und sättigende Beilage. Verwenden Sie großzügig Blattgemüse, da es reich an Eisen, Kalzium und Folat ist, die drei wichtigsten Nährstoffe in der Schwangerschaft. Der kräftige Geschmack wird Ihrem Gaumen schmeicheln. Eine empfehlenswerte Beilage ist auch Kartoffelbrei. Wenn Sie im ersten Trimester an Übelkeit leiden, essen Sie ihn vielleicht sogar zum Frühstück.

Pikante Linsen-Blumenkohl-Suppe

Reich an: ✓ Ballaststoffen ✓ Eisen

Linsen stecken voller Ballaststoffe und Eisen und sind damit sehr nährstoffreich. Diese Linsensuppe ist zum Tiefkühlen geeignet; bereiten Sie also noch während der Schwangerschaft einen Vorrat zu. So kann man die Suppe nach der Geburt aufwärmen und Sie haben eine leckere, gut verdauliche Mahlzeit. Sie wirkt auch verdauungsfördernd.

Vorbereiten 15 Minuten
Garen 1 Stunde
Für 4 Personen

1 EL Olivenöl

175 g würzige Bratwürste, die Pelle entfernt, das Brät zerbröselt

2 Knoblauchzehen, in Scheiben geschnitten

1 Zwiebel, gewürfelt

1 TL Meersalz

2 Möhren, geputzt und gewürfelt

2 Stangen Staudensellerie, gewürfelt

250 g rote Linsen

½ Blumenkohl, in 1 cm große Stücke geschnitten

50 g glatte Petersilie, gehackt

1 Das Olivenöl bei hoher Temperatur in einem großen Topf erhitzen. Das Wurstbrät dazugeben und 2 Minuten anbraten, dabei häufig wenden. Das Brät mit einem Schaumlöffel auf einen Teller legen und beiseitestellen.

2 Die Temperatur auf schwache Hitze schalten. Den Knoblauch in den Topf geben und 30 Sekunden garen. Die Zwiebel dazugeben, salzen und unter häufigem Wenden etwa 2 Minuten anschwitzen. Die Temperatur etwas erhöhen und die Möhren und den Sellerie untermischen. 3 Minuten unter häufigem Wenden garen.

3 Auf starke Hitze schalten, die Linsen hineingeben und 1 Liter Wasser angießen. Die Wurst wieder dazugeben. Die Suppe zum Kochen bringen, dann bei schwacher Hitze 40 Minuten unter gelegentlichem Rühren köcheln lassen. Den Blumenkohl zugeben und weitere 10 Minuten köcheln lassen, bis die Linsen weich sind.

4 Zum Servieren die Suppe auf 4 Teller verteilen, jede Portion mit Petersilie bestreuen und sofort servieren.

TIPP

- Die Suppe kann mehrere Tage im Voraus zubereitet werden. Geben Sie beim Aufwärmen etwas Wasser dazu, wenn sie zu dick ist.

Rindfleischsuppe mit Graupen und Endivie

Reich an: ✓ Eisen ✓ Vitamin C

Das Rezept für diesen leckeren Eintopf orientiert sich daran, dass Eisen (im Rindfleisch) am besten aufgenommen wird, wenn es mit Vitamin C (in den Tomaten) kombiniert wird. Die Graupen liefern Ballaststoffe, die Endivie enthält Folat. Der Eintopf gart einige Zeit, köchelt aber beinahe von selbst.

Vorbereiten 15 Minuten
Garen 1½ Stunden
Für 4 Personen

1 EL Olivenöl

700 g Rinderschulter oder Rinderbrust, ohne Knochen, sichtbares Fett entfernt, in Würfel geschnitten

2 TL Meersalz

2 Knoblauchzehen, in dünne Scheiben geschnitten

1 Zwiebel, gewürfelt

2 Möhren, geputzt und gewürfelt

2 Stangen Staudensellerie, gewürfelt

100 g Perlgraupen

2 Liter ungesalzene Rinder- oder Hühnerbrühe

1 Dose (ca. 400 g) gehackte Tomaten im eigenen Saft

350 g Endivie, gehackt

frisch gemahlener schwarzer Pfeffer

1 Das Olivenöl in einem großen Topf bei hoher Temperatur erhitzen. Das Rindfleisch mit 1 Teelöffel Salz einreiben und in dem heißen Öl unter gelegentlichem Wenden etwa 7 Minuten rundherum braun anbraten. Mit einem Schaumlöffel auf einen Teller geben und beiseitestellen.

2 Auf mittlere Hitze schalten und den Knoblauch 1 Minute anbraten. Die Zwiebel dazugeben, mit dem restlichen Salz bestreuen und 2 Minuten anschwitzen. Möhren und Sellerie zufügen und 2 Minuten unter häufigem Wenden garen.

3 Das Rindfleisch dazugeben. Die Temperatur etwas erhöhen und alles zugedeckt 3 Minuten garen. Auf starke Hitze schalten und die Graupen, die Brühe und die Tomaten mit ihrem Saft dazugeben. Die Suppe zugedeckt zum Kochen bringen. Bei schwacher Hitze 1¼ Stunden köcheln lassen, bis das Rindfleisch weich ist.

4 Die Endivie hineingeben. Sie fällt sofort zusammen. Die Suppe mit schwarzem Pfeffer und gegebenenfalls noch etwas Salz abschmecken, auf 4 große Teller verteilen und sofort servieren.

TIPP

• Die Endivie kann durch Spinat oder Mangold ersetzt werden. Beide Gemüse sind reich an Folat. Wie die Endivie fällt auch der Spinat sofort zusammen, während Mangold nach etwa 7 Minuten Kochzeit gar ist.

Hähnchensalat mit Sesam

Reich an: ✓ Eiweiß ✓ Folat

Im dritten Trimester leiden viele Schwangere an Hitzewallungen, weil sich ihr Stoffwechsel beschleunigt hat. Etwas Leichtes ist dann sehr angenehm, dabei muss es nicht immer Salat mit rohen Zutaten sein. Dieser warme Salat ist ideal; meist enthalten Hähnchensalate viel Mayonnaise, doch diese herzgesunde Version wird mit Rapsöl-Dressing zubereitet.

Vorbereiten 10 Minuten
Garen 25 Minuten
Für 4 Personen

30 g Mandelsplitter
350 g Hähnchenbrust, ohne Haut und Knochen, in Streifen geschnitten
½ TL Meersalz
60 g Sesam
3 EL Rapsöl
4 EL Orangensaft
2 TL Dijonsenf
2 EL klarer Honig
1 großer Romanasalat, klein gezupft
1 Gurke, in Scheiben geschnitten
1 Möhre, geputzt und geraspelt

1 Den Backofen auf 200 °C vorheizen. Die Mandeln bei schwacher Hitze in einer kleinen Pfanne 10 Minuten goldgelb rösten; dabei die Pfanne gelegentlich rütteln.
2 Inzwischen die Hähnchenstreifen in eine Schüssel geben. Mit Salz und Sesam bestreuen und das Fleisch damit panieren. 1 Esslöffel Öl auf ein kleines Backblech geben. Das Hähnchenfleisch auf das Backblech legen und wenden, damit es ringsum eingeölt ist. Die Hähnchenstücke nebeneinander legen und im heißen Ofen etwa 18 Minuten backen, bis sie gar und gebräunt sind.
3 Während das Fleisch gart, das Dressing zubereiten. Dazu die restlichen beiden Esslöffel Öl, den Orangensaft, Senf und Honig verquirlen.
4 Den Salat auf 4 große Teller verteilen und jede Portion mit Gurkenscheiben, geraspelter Möhre und gerösteten Mandeln garnieren. 2–3 Esslöffel des Dressings gleichmäßig über jede Portion geben. Den Salat mit Hähnchenstreifen belegen und sofort servieren.

TIPPS
• Das Hähnchen kann mehrere Stunden im Voraus zubereitet werden. Wenn es abgekühlt ist, stellen Sie es bis zu Weiterverarbeitung in den Kühlschrank.
• Den Romanasalat können Sie durch eine Kombination aus Blattsalaten und grünem Gemüse ersetzen. Rotes und grünes Blattgemüse, Eisbergsalat, Spinat und Salatherzen sind besonders empfehlenswert.

Bohnen-Bulgur-Salat mit Petersilie und Zitrone

Reich an: ✓ Ballaststoffen ✓ Kohlenhydraten

Dieser Salat ist vollgepackt mit Ballaststoffen; genießen Sie ihn also als Beilage oder Zwischenmahlzeit, wenn bei Ihnen das Hormon Progesteron die Darmtätigkeit verlangsamt und Verstopfung verursacht. Sowohl Bulgur wie schwarze Bohnen sind Nährstoffbomben.

Vorbereiten 5 Minuten
Garen 15 Minuten
Kühlen 1 Stunde
Für 4 Personen

150 g Bulgur

1 TL Meersalz

1 Dose (ca. 425 g) schwarze Bohnen, abgetropft und gut abgespült

50 g frische glatte Petersilie, gehackt

4 Frühlingszwiebeln, in dünne Scheiben geschnitten

350 g Kirschtomaten, halbiert

1 EL Olivenöl

Saft von 1 Zitrone

frisch gemahlener schwarzer Pfeffer

1 In einem Topf 500 ml Wasser zum Kochen bringen. Den Bulgur und ½ Teelöffel Salz einrühren. Zum Kochen bringen, dann vom Herd nehmen und den Topf abdecken. Den Bulgur etwa 20 Minuten quellen lassen, bis das Wasser aufgesogen ist.

2 Inzwischen die schwarzen Bohnen, Petersilie, Frühlingszwiebeln und Kirschtomaten in einer großen Schüssel mischen.

3 Den gequollenen Bulgur in die Schüssel geben. Olivenöl, Zitronensaft und restliches Salz unterrühren. Den Salat mit Pfeffer abschmecken und zugedeckt vor dem Servieren mindestens 1 Stunde kalt stellen.

TIPPS

- Wie bei vielen Salaten intensiviert sich das Aroma mit der Zeit; am besten schmeckt der Salat, wenn Sie ihn 2–3 Tage im Voraus zubereiten und im Kühlschrank kalt stellen.
- Wenn Sie mehr Kalorien zu sich nehmen sollten, träufeln Sie Olivenöl über Ihre Portion.

Bulgur ist geschälter, gedämpfter, getrockneter und geschroteter Weizen. Sein Nährstoffgehalt ähnelt dem des vollen Korns.

Romanasalat mit Minze, Datteln, Orangen und Mandeln

Reich an: ✓ Folat ✓ Kalzium

Dieser ideale Schwangerschaftssalat stillt Ihren Heißhunger auf Salz und Süßes zugleich. Er kombiniert kontrastierende Geschmacksrichtungen und Konsistenzen: salzig (Kapern) und süß (Datteln und Orangen), knackig (Mandeln) und weich (Datteln).

Vorbereiten 10 Minuten
Garen 10 Minuten
Für 4 Personen

30 g Mandelblättchen
½ TL Meersalz
1 großer Romanasalat, zerzupft
8 Medjool-Datteln, ohne Kern, in Scheiben geschnitten
1 große Navel-Orange, geschält und in 1 cm große Stücke geschnitten
2 EL Kapern, abgespült
Saft von 1 Zitrone
2 EL Olivenöl
1 TL Zucker
6 frische Minzeblätter, fein geschnitten

1 Die Mandelblättchen bei schwacher Hitze in eine kleine Pfanne geben, mit dem Salz bestreuen und etwa 10 Minuten goldgelb rösten; dabei die Pfanne gelegentlich rütteln.
2 Inzwischen den Salat, die Datteln, Orangenstücke und Kapern in einer großen Salatschüssel mischen. Beiseitestellen.
3 Für das Dressing Zitronensaft, Olivenöl, Zucker und Minze verrühren.
4 Das Dressing über den Salat gießen und untermengen. Den Salat auf 4 große Teller verteilen, mit den gerösteten Mandeln garnieren und sofort servieren.

TIPP
• Dieser Salat ist toll als Beilage oder mit etwas knusprigem Brot als leichte Mittagsmahlzeit. Besonders gut passt er zu dem »Schnellen Pfannensteak« (Seite 155).

Genießen Sie diesen Salat, wenn Ihr Hormonspiegel hoch ist und sie die Hitze überkommt. Er hat mit Sicherheit eine beruhigende, kühlende Wirkung und schafft kein unangenehmes Völlegefühl.

Gurken mit Zwiebel, Minze und Feta

Reich an: ✓ Kalzium ✓ Vitamin C

Für diesen leichten, erfrischenden Salat werden kalte Gurken mit pikanten roten Zwiebeln und kräftiger Minze kombiniert. Er bietet verschiedene Geschmacksrichtungen und Texturen. Der Feta stillt Ihren Hunger auf Salziges. Genießen Sie ihn an einem heißen Tag – er kühlt und beruhigt. Ihr Baby erzeugt in Ihnen Wärme, daher ist es Schwangeren oft besonders heiß!

Vorbereiten 10 Minuten
Garen keine Garzeit
Kühlen 1 Stunde
Für 4 Personen

2 Gurken
1 rote Zwiebel, in dünne Scheiben geschnitten
6 frische Minzeblätter, fein geschnitten
2 EL Olivenöl
1 Prise Meersalz
frisch gemahlener schwarzer Pfeffer
100 g pasteurisierter Feta, zerkrümelt

1 Jede Gurke der Länge nach halbieren, dann in 2,5 cm große Stücke schneiden.
2 Die Gurkenstücke, die rote Zwiebel, die Minze, das Olivenöl und Salz in eine große Schüssel geben und gut vermengen; mit schwarzem Pfeffer abschmecken.
3 Den Salat mit dem zerkrümelten Feta garnieren. Zugedeckt vor dem Servieren mindestens 1 Stunde kalt stellen.

TIPP
• Reichen Sie zu dem Salat als leichte Mittagsmahlzeit knuspriges Brot.

Lesen Sie vor dem Kauf auf dem Etikett nach, ob der Feta aus pasteurisierter Milch hergestellt wurde.

Nudelsalat mit Brokkoli, Spinat und Tomaten in sahnigem Dressing

Reich an: ✓ Eiweiß ✓ Kalzium ✓ Folat

Dieser Salat schmeckt am zweiten Tag sogar noch besser, bereiten Sie ihn also beizeiten zu – das kommt dem Geschmack und Ihrer Zeitplanung zugute. Das Dressing wird aus weichem Tofu zubereitet, der reich an Eiweiß und Kalzium ist. Der Brokkoli liefert Folat und Ballaststoffe.

Vorbereiten 10 Minuten
Garen 10 Minuten
Kühlen 1 Stunde
Für 4 Personen

100 g sonnengetrocknete Tomaten

100 g junge Spinatblätter

250 g Gabel-Makkaroni oder andere kurze Nudeln

700 g Brokkoli, in mundgerechte Röschen zerteilt

Dressing

2 EL Balsamico-Essig

½ TL Meersalz

120 g Seiden-Tofu

50 g Parmesan oder Pecorino, frisch gerieben

frisch gemahlener schwarzer Pfeffer

1 Die Tomaten in eine Schüssel geben. Mit kochendem Wasser übergießen und 10 Minuten einweichen lassen. Abgießen und in dünne Scheiben schneiden.

2 Während die Tomaten einweichen, den Spinat im Spülbecken in ein Sieb geben. Einen großen Topf mit gesalzenem Wasser zum Kochen bringen. Die Nudeln einrühren und 4 Minuten kochen. Den Brokkoli in das kochende Nudelwasser geben und Nudeln und Brokkoli gemeinsam 2–3 Minuten kochen, bis die Nudeln bissfest sind und der Brokkoli leuchtend grün und gar ist. Beides in das Sieb mit dem Spinat abgießen. Kaltes Wasser darüberlaufen lassen, damit Nudeln und Gemüse nicht nachgaren. Wenn alle Zutaten abgekühlt und abgetropft sind, diese in eine große Schüssel geben. Die Tomaten hinzufügen. Beiseitestellen.

3 Für das Dressing Essig, Salz und Tofu im Mixer pürieren. Den Käse einrühren und mit schwarzem Pfeffer abschmecken.

4 Das Dressing über die Nudeln und das Gemüse gießen und gut untermengen. Den Salat zugedeckt vor dem Servieren mindestens 1 Stunde kalt stellen.

TIPP

• Frischer Zitronensaft oder Himbeer-, Kräuter- oder Rotweinessig können anstelle des Balsamico-Essigs verwendet werden.

Couscous mit Olivenöl und Petersilie

Reich an: ✓ Kohlenhydraten

Bereiten Sie dieses Gericht im ersten Trimester, wenn Sie an Übelkeit leiden, als Hauptgericht zu – es ist wohltuend und sättigend. In der weiteren Schwangerschaft und nach der Geburt servieren Sie es als Beilage zu Fleisch, Geflügel, Fisch oder Gemüse.

Vorbereiten 5 Minuten
Garen 15 Minuten
Für 4 Personen

300–350 ml leicht gesalzene Hühnerbrühe oder Wasser
3 EL bestes Olivenöl
½ TL Meersalz
250 g Couscous
25 g frische glatte Petersilie, gehackt

1 Die Hühnerbrühe oder das Wasser in einem mittelgroßen Topf zum Kochen bringen. Olivenöl und Salz zugeben, dann den Couscous einrühren. Den Topf vom Herd nehmen und mit dem Deckel verschließen. Den Coucous etwa 10 Minuten quellen lassen, bis die gesamte Brühe oder das Wasser aufgesogen ist.
2 Den Couscous mit einer Gabel lockern und die Körner voneinander trennen, dann die gehackte Petersilie einrühren. Sofort servieren.

TIPP
• Statt Petersilie können Sie Koriandergrün oder Basilikum verwenden.

Couscous ist im Grunde eine Art Nudeln, da er ebenso wie diese aus Hartweizengrieß hergestellt wird. Er ist reich an Kohlenhydraten; dieses Gericht schenkt Ihnen also viel Energie.

Kartoffelbrei mit Olivenöl und gebratenem Knoblauch

Reich an: ✓ Kohlenhydraten

Kartoffelbrei schmeichelt jedem Gaumen, und wenn es Sie nach intensiven Geschmacksnoten gelüstet, werden Sie diese Version mit goldenem Knoblauch mögen. Er wird mit Butter und herzgesundem Olivenöl zubereitet und passt bestens zu »Toskanischem Schweinekotelett« (Seite 157).

Vorbereiten 10 Minuten
Garen 30–40 Minuten
Für 4 Personen

900 g große, mehligkochende Kartoffeln, abgebürstet
15 g Butter
2 EL Olivenöl
6 Knoblauchzehen, in dünne Scheiben geschnitten
½ TL Meersalz
frisch gemahlener schwarzer Pfeffer
etwa 200 ml warme Milch

1 Die ungeschälten Kartoffeln in einen großen Topf geben. So viel Wasser dazugießen, dass sie 2,5 cm hoch bedeckt sind. Zum Kochen bringen, die Temperatur reduzieren und die Kartoffeln etwa 30 Minuten weich kochen.

2 Während die Kartoffeln kochen, Butter und Olivenöl in einer Pfanne bei mittlerer Temperatur erhitzen. Wenn das Fett nicht mehr brutzelt, den Knoblauch hineingeben. Die Hitze etwas reduzieren und den Knoblauch unter häufigem Wenden etwa 7 Minuten goldgelb braten. Vom Herd nehmen.

3 Die Kartoffeln abgießen. Wenn sie etwas abgekühlt sind, vorsichtig schälen, dann in große Stücke schneiden. Die Stücke zurück in den noch warmen Topf geben und mit einem Kartoffelstampfer zerdrücken. Das Salz, schwarzen Pfeffer und den Knoblauch mit dem Fett dazugeben, dann langsam so viel warme Milch, bis die gewünschte Konsistenz erreicht ist.

TIPP
• Wenn Sie unter starker Übelkeit leiden, bereiten Sie das Rezept ohne Knoblauch zu.

Es gibt neue Belege dafür, dass es bei einer herzgesunden Ernährung darauf ankommt, welches Fett und nicht, wie viel Fett man isst. Eine Anfälligkeit für Herzkrankheiten kann schon in der Gebärmutter angelegt werden. Gewöhnen Sie sich an, zum Kochen immer Olivenöl zu verwenden.

Gebackener Spargel mit Pinienkernen und Blauschimmelkäse

Reich an: ✓ Folat ✓ Ballaststoffen

Das Backen bringt die natürliche Süße des Spargels zur Geltung und intensiviert seinen Geschmack. Dieses folatreiche Rezept verbindet ausgeprägte Aromen und kontrastierende Konsistenzen. Während der Schwangerschaft ist Ihr Folatbedarf erhöht und Spargel hat viel davon.

Vorbereiten 5 Minuten
Backen 20 Minuten
Für 4 Personen

40 g Pinienkerne
700 g grüner Spargel
½ TL Meersalz
1 EL Olivenöl
60 g pasteurisierter Gorgonzola, zerkrümelt

1 Den Backofen auf 200 °C vorheizen. Die Pinienkerne bei schwacher Hitze in einer kleinen Pfanne unter gelegentlichem Rütteln der Pfanne etwa 5 Minuten goldgelb und duftend rösten. Auf Küchenpapier abkühlen lassen.
2 Das untere Drittel der Spargelstangen schälen und die Stangen nebeneinander auf ein Backblech legen. Mit dem Salz bestreuen und mit dem Olivenöl beträufeln. Den Spargel 8–12 Minuten backen, bis er weich und leicht gebräunt ist.
3 Den Spargel auf eine Servierplatte legen. Gorgonzola und Pinienkerne darüber verteilen und sofort servieren.

TIPPS
- Am besten sind Spargelstangen, die etwas mehr als Beistiftdicke haben.
- Lesen Sie auf dem Etikett nach, ob der Gorgonzola aus pasteurisierter Milch hergestellt wurde. Bei der Pasteurisierung werden die Listerien-Bakterien abgetötet, sodass der Käse in der Schwangerschaft unbedenklich verzehrt werden kann. Schwangere sollten keinen Weichkäse aus Rohmilch essen.
- Um Kalorien und Fett zu sparen, aber dennoch einen vollen Geschmack zu erhalten, lassen Sie den Gorgonzola weg und drücken stattdessen eine frische Zitrone über dem Spargel aus, bevor Sie ihn mit Pinienkernen bestreuen.

Grünkohl mit herzhafter Wurst

Reich an: ✓ Antioxidanzien ✓ Ballaststoffen ✓ Folat

Dunkelgrünes Blattgemüse wie Grünkohl, Frühkohl, Spinat und Mangold sind echte Stars, da sie viele wichtige Nährstoffe für eine gesunde Schwangerschaft enthalten: große Mengen an Antioxidanzien, Ballaststoffen, Kalzium und Folat. Außerdem sind sie einfach zuzubereiten und vielseitig zu kombinieren. Hier gibt würzige Wurst dem Grünzeug Schwung.

Vorbereiten 10 Minuten
Garen 45 Minuten
Für 4 Personen

1 EL Olivenöl

175 g würzige Schweinebratwurst, die Pelle entfernt, das Brät zerbröckelt

1 Zwiebel, gewürfelt

½ TL Meersalz

500 g Grünkohl, grob geschnitten

350 ml leicht gesalzene Hühnerbrühe oder Wasser

1 Das Olivenöl in einem großen Topf bei hoher Temperatur erhitzen, das Wurstbrät dazugeben und unter häufigem Wenden 3 Minuten anbräunen.
2 Die Zwiebel dazugeben und mit dem Salz bestreuen. Etwa 1 Minute braten, bis sie weich ist; häufig wenden.
3 Den Grünkohl dazugeben und unter ständigem Rühren etwa 2 Minuten garen, bis er zusammenfällt.
4 Die Brühe oder das Wasser angießen und zum Kochen bringen. Die Hitze reduzieren und den Grünkohl zugedeckt etwa 40 Minuten garen, bis er weich ist. Dabei gelegentlich umrühren.
5 Den Grünkohl in eine flache Schüssel füllen und mit Raumtemperatur servieren.

Dunkelgrünes Blattgemüse ist in der Schwangerschaft besonders empfehlenswert. Sein kräftiger Geschmack kommt Ihrem veränderten Geschmackssinn entgegen und es besitzt eine hohe Nährstoffdichte.

Zimt-Kürbis

Reich an: ✓ Antioxidanzien ✓ Ballaststoffen

Beim Karamellisieren entfaltet sich die natürliche Süße von Nahrungsmitteln. Auf gesunde Weise können Sie so Ihre Lust auf Süßes stillen. Dieser gebackene, karamellisierte Kürbis verleiht Nudeln Geschmack und Farbe und wird ergänzt durch grünes Gemüse wie Spinat oder Mangold.

Vorbereiten 10 Minuten
Backen 45 Minuten
Für 4 Personen

1 großer Butternusskürbis, ca. 900 g
1 TL gemahlener Zimt
1 große Prise gemahlene Muskatnuss
2 EL Rapsöl
½ TL Meersalz
50 g Rohrzucker

1 Den Backofen auf 220 °C vorheizen. Den Kürbis schälen, von den Kernen befreien und in 5 cm große Stücke schneiden. Mit dem Zimt, der Muskatnuss, dem Öl, dem Salz und dem Rohrzucker in eine große Schüssel geben. Gut vermengen, damit die Kürbisstücke gleichmäßig mit der Gewürzmischung überzogen werden.
2 Die Kürbisstücke nebeneinander auf ein schweres Backblech legen und 45 Minuten backen, bis sie weich und karamellisiert sind. Wenn nötig, das Backblech nach der Hälfte der Backzeit herausnehmen und die Kürbisstücke wenden, damit sie gleichmäßig garen. Heiß servieren.

TIPP
- Keine Sorge, wenn die Ränder der Kürbisstücke sehr dunkel aussehen. Der Kürbis schmeckt dennoch unglaublich süß und zart.

Gemüsesorten mit dunkelorangefarbenem Fleisch wie Kürbis, Süßkartoffeln und Möhren enthalten am meisten Betakarotin.

SUPPEN, SALATE UND BEILAGEN

Gebackenes provenzalisches Gemüse

Reich an: ✓ Folat ✓ Ballaststoffen

Hier wird Gemüse einfach mit Salz, Pfeffer und Olivenöl gebacken. So bleiben das spezielle Aroma und die Konsistenz erhalten. Da es kein Gemüse gibt, das Sie allein mit allen in der Schwangerschaft benötigten Vitaminen und Nährstoffen versorgt, liegt der Schlüssel zu einer guten Ernährung darin, viele verschiedene Gemüsesorten zu genießen.

Vorbereiten 10 Minuten
Backen 40 Minuten
Für 4 Personen

1 rote Paprikaschote, von den Samen befreit

1 grüne Paprikaschote, von den Samen befreit

2 Auberginen, längs halbiert

2 Zucchini, längs halbiert

1 mittelgroße rote Zwiebel

8 Knoblauchzehen, geschält

1 TL Meersalz

2 EL Olivenöl

frisch gemahlener schwarzer Pfeffer

1 Den Backofen auf 220 °C vorheizen. Paprikaschoten, Auberginen, Zucchini und rote Zwiebel in 5 cm große Stücke schneiden. In eine große, schwere Backofenpfanne geben und mit den Knoblauchzehen vermengen.

2 Das Gemüse salzen und mit dem Olivenöl beträufeln. Mit schwarzem Pfeffer würzen. Nochmals gut vermengen, dann in einer Schicht ausbreiten. In den Ofen stellen und 20 Minuten backen.

3 Die Pfanne aus dem Ofen nehmen und die Gemüsestücke vorsichtig wenden, dabei aber in einer Schicht belassen. Die Form wieder in den Ofen stellen und das Gemüse weitere 10–20 Minuten backen, bis es weich und leicht karamellisiert ist. Das Gemüse heiß oder mit Zimmertemperatur servieren.

TIPP

• Das Gemüse schmeckt hervorragend als Beilage zu gegrilltem oder gebackenem Fleisch, Fisch oder Geflügel. Es kann auch zu Nudeln gereicht oder als Sandwichbelag verwendet werden.

Mittag- und Abendessen unter der Woche

GEDÄMPFTER COUSCOUS MIT FRÜHLINGSGEMÜSE UND FETA
Seite 142

WEISSER REIS MIT ROTER SAUCE
Seite 143

SPAGHETTI MIT SPARGEL UND GERÖSTETEN WALNÜSSEN
Seite 144

LINGUINE MIT GARNELEN, TOMATEN UND PETERSILIE
Seite 145

GEBRATENER LACHS AUF MISCHSALAT MIT HIMBEER-VINAIGRETTE
Seite 146

LACHS MIT KRÄUTER-SENF-KRUSTE
Seite 147

ITALIENISCHER KABELJAU
Seite 148

BALSAMICO-HÄHNCHEN MIT SPARGEL UND PETERSILIE
Seite 150

ENCHILADAS MIT HÄHNCHEN, MAIS UND SCHWARZEN BOHNEN
Seite 151

WÜRZIGE HÄHNCHENBRÜSTE MIT AVOCADO-MAIS-SALSA
Seite 152

STEAK MIT PILZEN
Seite 154

SCHNELLES PFANNENSTEAK
Seite 155

SCHWEINEFILET IM GEWÜRZMANTEL
Seite 156

TOSKANISCHES SCHWEINEKOTELETT MIT KARAMELLISIERTEN ÄPFELN UND SCHALOTTEN
Seite 157

Vor allem wenn Sie abends müde von der Arbeit nach Hause kommen, sollten Sie schon genau wissen, wie Sie ein Essen zaubern. Wer über einen gut bestückten Vorratsschrank verfügt, hat genauso schnell eine gesunde Mahlzeit zubereitet wie ein Fertiggericht geholt. Je müder Sie sind, umso leichter geben Sie ungesunden Gelüsten nach. Sie müssen den Salzkonsum in der Schwangerschaft zwar nicht beschränken, doch ist es besser, diese Gelüste mit Gesundem zu stillen statt mit Chips und Pommes.

Essen Sie zum Hauptgericht Vollkornprodukte. Studien zeigen, dass Kohlenhydrate aus Vollkorn langsamer ins Blut abgegeben werden und so eine gleichmäßigere Versorgung mit Glukose gewährleisten. Vermeiden Sie Blutzuckerspitzen, auf die ein abrupter Abfall des Blutzuckers folgt, wie es nach dem Verzehr von raffinierten Kohlenhydraten wie Weißbrot, weißem Reis und Süßigkeiten der Fall ist. Auch Hunger stellt sich so erst später wieder ein. Verzehren Sie deshalb Naturreis und Vollkornbrot. Verwenden Sie Süßkartoffeln statt normaler Kartoffeln. Sie werden feststellen, dass Ihnen danach auch das Dessert nicht mehr so wichtig ist.

Wenn Sie sich wegen Ihrer Gewichtszunahme Sorgen machen, stellen Sie keine Servierschüsseln mit den Gerichten auf den Tisch. Dann ist es allzu verlockend, ein- oder gar zweimal nachzuschöpfen. Füllen Sie stattdessen Ihren Teller in der Küche mit der gewünschten Portion. So wissen Sie genau, wie viel Sie essen; dies unterstützt auch das Sättigungsgefühl. Außerdem ersparen Sie sich auf diese Weise zusätzlichen Abwasch.

Essen Sie bei jeder Mahlzeit viel Gemüse. Füllen Sie damit Ihren Teller und geben Sie dann eine kleine Portion Fleisch oder ein anderes einweißhaltiges Nahrungsmittel dazu. Eine Gemüseauswahl ist kalorienarm, verwöhnt Ihren Gaumen, sättigt und versorgt Sie mit den Vitaminen und Nährstoffen, die Sie und Ihr Baby benötigen.

Gedämpfter Couscous mit Frühlingsgemüse und Feta

Reich an: ✓ Folat ✓ Kohlenhydraten

Couscous ist leicht und lecker und hinterlässt kein Völlegefühl. Besonders wohltuend ist er bei flauem Magen. In der Kombination mit Spargel, frischem Mais und Tomaten ist dieses Gericht außerordentlich reich an Folat.

Vorbereiten 20 Minuten
Garen 20 Minuten
Für 4 Personen

500 g Couscous
½ TL Meersalz
100 g pasteurisierter Feta, zerbröselt

Gemüse

1 EL Olivenöl
2 Knoblauchzehen, in dünne Scheiben geschnitten
350 g grüner Spargel, das untere Drittel der Stangen geschält, die Stangen in 5 cm große Stücke geschnitten
2 frische Maiskolben, Körner heruntergeschnitten
½ TL Meersalz
250 ml leicht gesalzene Hühnerbrühe
350 g Kirschtomaten, halbiert
50 g frisches Basilikum, geschnitten oder zerzupft
frisch gemahlener schwarzer Pfeffer

1 Zur Zubereitung des Couscous 650 ml Wasser in einem mittelgroßen Topf mit dicht schließendem Deckel zum Kochen bringen. Salz und Couscous einrühren. Vom Herd nehmen und den Topf abdecken. Den Couscous 10–20 Minuten quellen lassen, bis er weich ist und das Wasser aufgesogen hat.
2 Inzwischen das Gemüse vorbereiten. Das Olivenöl in einem großen Topf bei mittlerer Temperatur erhitzen, den Knoblauch hineingeben und 45 Sekunden anbraten. Die Temperatur erhöhen und den Spargel hineingeben. Unter häufigem Wenden 2 Minuten garen. Die Maiskörner und das Salz dazugeben und 1 Minute unter häufigem Rühren garen.
3 Die Hühnerbrühe angießen und zum Kochen bringen. Etwa 2 Minuten köcheln lassen, bis Spargel und Mais weich sind. Den Topf vom Herd nehmen und Tomaten und Basilikum unterrühren. Mit schwarzem Pfeffer abschmecken.
4 Den gequollenen Couscous zum Gemüse geben und mit einer Gabel lockern. Couscous und Gemüse auf 4 flache Teller verteilen. Über jede Portion etwas Feta geben und sofort servieren.

TIPP

• Israelischer Couscous, der großkörniger ist als der marokkanische – etwa so groß wie ein Pfefferkorn – und geröstet, eignet sich für dieses Rezept ebenfalls sehr gut.

Weißer Reis mit roter Sauce

Reich an: ✓ Kohlenhydraten ✓ Vitamin C

Dieses bekömmliche Reisgericht ist im ersten Trimester genau das Richtige. Die meisten Frauen finden, dass geschmacksneutrale Kohlenhydrate – Reis, Nudeln und Kartoffeln – ihren Magen beruhigen. Für den Rest der Familie können Jakobsmuscheln dazugereicht werden – die Ihnen auch schmecken werden, sobald es Ihnen besser geht.

Vorbereiten 10 Minuten
Garen 30 Minuten
Für 4 Personen

300 g weißer Langkornreis
4 EL frisch geriebener Pecorino

Rote Sauce
1 EL Olivenöl
2 Knoblauchzehen, in dünne Scheiben geschnitten
1 Zwiebel, gewürfelt
½ TL Meersalz
2 Dosen (je ca. 400 g) ganze Eiertomaten, mit dem Saft püriert
50 g frische Basilikumblätter, zerzupft
frisch gemahlener schwarzer Pfeffer

Gebratene Jakobsmuscheln (nach Belieben)
1 EL Olivenöl
12 Jakobsmuscheln, ohne Schale, gründlich getrocknet
1 Prise Meersalz
frisch gemahlener schwarzer Pfeffer
8 frische Basilikumblätter, zerzupft

1 Für den Reis 750 ml Wasser in einem mittelgroßen Topf zum Kochen bringen. Den Reis einrühren, zum Kochen bringen und zugedeckt bei schwacher Hitze etwa 20 Minuten köcheln lassen, bis er weich ist und das Wasser aufgesogen hat.

2 Inzwischen die Sauce zubereiten. Das Olivenöl in einem Topf bei mittlerer Temperatur erhitzen und den Knoblauch darin 45 Sekunden anbraten. Die Zwiebel dazugeben, salzen und etwa 3 Minuten anschwitzen, bis sie weich ist; dabei gelegentlich wenden. Auf starke Hitze schalten und die pürierten Tomaten einrühren. Zum Kochen bringen. Die Hitze reduzieren und die Sauce etwa 20 Minuten einkochen lassen; dabei gelegentlich umrühren. Das Basilikum unterrühren und die Sauce mit schwarzem Pfeffer abschmecken.

3 Kurz bevor Reis und Sauce fertig sind, die Jakobsmuscheln zubereiten (wenn sie dazugereicht werden). Das Öl in einer großen Pfanne stark erhitzen. Die Muscheln mit dem Salz und schwarzem Pfeffer würzen und nebeneinander in das heiße Öl legen. Etwa 1½ Minuten braten, bis sie goldgelb sind. Umdrehen und von der anderen Seite etwa 1 Minute garen, bis die Muscheln in der Mitte opak sind. Vom Herd nehmen, das Basilikum unter die Jakobsmuscheln mengen.

4 Zum Servieren den Reis auf 4 flache Teller verteilen. Die Sauce auf den Reis löffeln und mit dem Käse bestreuen. Die heißen Jakobsmuscheln nach Belieben darauflegen.

TIPP
• Die Sauce kann bis zu 3 Tage im Voraus zubereitet und im Kühlschrank in einem luftdichten Behälter aufbewahrt werden. Tiefgefroren ist sie bis zu 1 Monat haltbar.

Spaghetti mit Spargel und gerösteten Walnüssen

Reich an: ✓ Folat ✓ Omega-3-Fettsäuren

Dieses unglaublich einfache Nudelgericht wird wahrscheinlich eine Ihrer Lieblingsmahlzeiten. Spargel ist reich an Folat; Walnüsse enthalten sehr viele Omega-3-Fettsäuren, die wichtig für die Entwicklung des Nervensystems des Babys sind. Die Kohlenhydrate aus der Pasta liefern Ihnen Energie.

Vorbereiten 10 Minuten
Garen 15–20 Minuten
Für 4 Personen

500 g Spaghetti

125 g Walnusskerne, grob gehackt

2 EL Olivenöl

2 Knoblauchzehen, in dünne Scheiben geschnitten

700 g grüner Spargel, das untere Drittel der Stangen geschält, die Stangen in 5 cm große Stücke geschnitten

300 ml leicht gesalzene Hühnerbrühe

½ TL Meersalz

frisch gemahlener schwarzer Pfeffer

40 g Parmesan oder Pecorino, frisch gerieben

1 Gesalzenes Wasser in einem großen Topf zum Kochen bringen. Die Nudeln hineingeben und nach Packungsanleitung kochen.

2 Inzwischen die Walnüsse bei schwacher Hitze in einer kleinen Pfanne etwa 5–7 Minuten unter gelegentlichem Rütteln der Pfanne rösten, bis sie duften.

3 Während die Nüsse rösten, das Olivenöl in einem anderen großen Topf bei mittlerer Temperatur erhitzen. Den Knoblauch darin 30 Sekunden anbraten. Auf starke Hitze schalten und den Spargel dazugeben. Unter häufigem Wenden etwa 5 Minuten garen, bis er leuchtend grün ist. Die Hühnerbrühe und das Salz zugeben. Etwa 4 Minuten unter gelegentlichem Rühren kochen, bis der Spargel weich ist.

4 Die Nudeln in ein Sieb abgießen und in die Sauce geben. Sauce und Nudeln vermengen, dann 1 Minute köcheln lassen, dabei häufig rühren. Das Gericht mit schwarzem Pfeffer und gegebenenfalls Salz abschmecken. Die Nudeln auf 4 Teller verteilen, mit dem Käse und den Walnüssen bestreuen und sofort servieren.

TIPP

• Statt Spargel können Sie dieselbe Menge Brokkoliröschen verwenden. Verringern Sie dann in Schritt 3 die Garzeit auf 3 Minuten, bevor Sie die Hühnerbrühe angießen.

Linguine mit Garnelen, Tomaten und Petersilie

Reich an: ✓ Kohlenhydraten ✓ Eiweiß

Meerestiere wie Garnelen oder Muscheln können in der Schwangerschaft unbedenklich verzehrt werden, sofern sie gekocht sind. Probieren Sie dieses einfache, aber leckere Rezept. Nach Wunsch können Sie das Gericht vor dem Servieren mit Parmesan bestreuen.

Vorbereiten 10 Minuten
Garen 15–20 Minuten
Für 4 Personen

500 g Linguine
1 EL Olivenöl
15 g Butter
5 Knoblauchzehen, in dünne Scheiben geschnitten
5 Eiertomaten aus der Dose, abgetropft (Saft zurückbehalten) und grob gehackt
450 g rohe Garnelen (Tiger- oder King-Prawn), ohne Kopf, geschält
30 g frische glatte Petersilie, gehackt
1 TL Meersalz
frisch gemahlener schwarzer Pfeffer

1 In einem großen Topf gesalzenes Wasser zum Kochen bringen. Die Nudeln darin nach Packungsanweisung kochen.
2 Inzwischen Olivenöl und Butter in einem anderen großen Topf bei mittlerer Temperatur erhitzen. Wenn das Fett nicht mehr brutzelt, den Knoblauch hineingeben und 2 Minuten anbraten, ohne dass er bräunt. Auf starke Hitze schalten und die Tomaten zugeben. Den Tomatensaft mit Wasser auf 250 ml auffüllen und angießen. 2 Minuten garen, dabei gelegentlich umrühren.
3 Garnelen und Petersilie dazugeben und unter häufigem Rühren etwa 2 Minuten garen, bis die Garnelen rosa und fest sind. Mit dem Salz und schwarzem Pfeffer abschmecken.
4 Die Nudeln in ein Sieb abgießen und unter die Sauce mischen. Nudeln und Sauce bei niedriger Temperatur 2 Minuten köcheln, dabei gelegentlich umrühren. Die Nudeln auf 4 flache Teller verteilen und servieren.

Im Allgemeinen sind Fisch und Schalentiere im Vergleich zu Rindfleisch, Geflügel und Milchprodukten fett- und cholesterinärmer.

Gebratener Lachs auf Mischsalat mit Himbeer-Vinaigrette

Reich an: ✓ **Omega-3-Fettsäuren** ✓ **Folat** ✓ **Eiweiß**

Das fetale Gehirn wächst während der gesamten Schwangerschaft; die stärkste Entwicklung erfolgt im dritten Trimester. Eine mütterliche Kost, die reich an Omega-3-Fettsäuren ist, fördert die Gehirnentwicklung. Eine wichtige Quelle dafür ist fettreicher Fisch wie Lachs.

Vorbereiten 10 Minuten
Garen 10 Minuten
Für 4 Personen

2 TL Olivenöl

700 g Lachsfilet (vorzugsweise aus dem dicken Ende), in 4 Portionen geschnitten

½ TL Meersalz

frisch gemahlener schwarzer Pfeffer

Salat

350 g Mischsalat (Mesclun, siehe rechts)

2 EL Olivenöl

4 EL Himbeeressig

1 Prise Meersalz

frisch gemahlener schwarzer Pfeffer

1 Das Öl in einer schweren Bratpfanne erhitzen. Währenddessen den Lachs von beiden Seiten mit dem Salz und Pfeffer würzen. Wenn das Öl raucht, den Lachs vorsichtig mit der Haut nach unten in die Pfanne legen und 5–6 Minuten anbraten. Die Lachsstücke vorsichtig wenden und weitere 4–5 Minuten braten, bis sie durchgegart sind. Auf eine Platte legen und warm stellen.

2 Die Salatmischung in eine große Schüssel geben. Olivenöl, Himbeeressig, Salz und schwarzen Pfeffer verrühren. Das Dressing über den Salat gießen und gut vermengen.

3 Zum Servieren die Haut vom Lachs entfernen. Den angemachten Salat auf 4 Teller verteilen. Den Lachs darauflegen und sofort servieren. Durch den heißen Lachs fällt der Salat langsam zusammen.

TIPPS

• Mischsalat (Mesclun) ist eine Mischung von jungen Salatblättern. Sie kann durch jungen Spinat ersetzt werden.

• Wildlachs besitzt den höchsten Gehalt an Omega-3-Fettsäuren; Lachs aus Zuchtfarmen ist eine gute Alternative.

Lachs mit Kräuter-Senf-Kruste

Reich an: ✓ Omega-3-Fettsäuren ✓ Eiweiß

Lachs, reich an herzgesundem Eiweiß sowie gesunden Fetten, ist ein perfektes Nahrungsmittel für die Schwangerschaft. Er schmeckt gebraten wunderbar; wenn Sie ihn noch in eine Kräuterkruste verpacken, erhalten Sie ein kulinarisches Highlight. Die Kräuter können Sie variieren – experimentieren Sie und finden Sie Ihre eigene Lieblingskombination.

Vorbereiten 10 Minuten
Garen 15 Minuten
Für 4 Personen

25 g frische glatte Petersilie
25 g frische Korianderblätter
3 Frühlingszwiebeln
3 TL Olivenöl
1 EL Dijonsenf
Saft von ½ Zitrone
700 g Lachsfilet (vorzugsweise aus dem dicken Ende), ohne Haut
1 Prise Meersalz
frisch gemahlener schwarzer Pfeffer

1 Den Backofen auf 230 °C vorheizen. Petersilie, Koriander und Frühlingszwiebeln hacken und gut vermengen. In einer kleinen Schüssel 2 Teelöffel Olivenöl, Senf und Zitronensaft verrühren.
2 Den Lachs auf beiden Seiten salzen und pfeffern. Beidseitig erst mit der Olivenölmischung bestreichen und dann in den gehackten Kräutern wenden, sodass er mit Kräutern »paniert« ist.
3 Das restliche Olivenöl in einer schweren, ofenfesten Pfanne bei mittlerer Temperatur erhitzen. Wenn das Öl heiß ist, das Lachsfilet vorsichtig in die Pfanne legen. Auf jeder Seite 3–4 Minuten anbraten, dabei einmal wenden.
4 Die Pfanne in den Ofen stellen und den Lachs etwa 5 Minuten backen, bis er gar ist. Den Lachs in 4 Portionen teilen und sofort servieren.

Lachs ist fettreich und enthält wenig Quecksilber; daher sollten Sie ihn bevorzugen, wenn Sie Lust auf Fisch haben.

Italienischer Kabeljau

Reich an: ✓ Vitamin D ✓ Eiweiß ✓ Omega-3-Fettsäuren

Begrenzen Sie in der Schwangerschaft Ihren Verzehr an Fisch und Meeresfrüchten auf 350 g pro Woche. Essen Sie verschiedene Fische. Meiden Sie die Sorten, die viel Quecksilber enthalten (siehe Seite 35), da dieses in großen Mengen der Entwicklung des Nervensystems des Babys schaden kann. Kabeljau enthält wenig Quecksilber.

Vorbereiten 10 Minuten
Garen 15 Minuten
Für 4 Personen

250 ml Milch

700 g enthäutetes Kabeljaufilet, in 4 Portionen zerteilt

175 g Panko (japanisches Paniermehl) oder Semmelbrösel

1 EL getrocknetes Basilikum

1½ TL Meersalz

100 g Pecorino, fein gerieben

frisch gemahlener schwarzer Pfeffer

2 EL Olivenöl

½ Zitrone, in 4 Scheiben geschnitten

1 Den Backofen auf 230 °C vorheizen. Die Milch in eine flache Schale gießen. Den Fisch in die Milch legen.
2 Panko oder Semmelbrösel, Basilikum, Salz und Käse auf einer großen Platte mischen. Die Masse mit schwarzem Pfeffer würzen. Den Fisch aus der Milch nehmen und in der Bröselmischung wenden. Die Panade vorsichtig an dem Fisch festdrücken.
3 Mit dem Olivenöl ein Backblech einfetten. Den Fisch auf das Blech legen. Im heißen Ofen etwa 15 Minuten backen, bis der Belag knusprig ist und das Filet leicht zerfällt. Den Fisch aus dem Ofen nehmen, mit Zitronenscheiben garnieren und sofort servieren.

TIPPS

• Das Gericht kann statt mit Kabeljau auch mit anderem festfleischigen weißen Fisch wie Schellfisch oder Hecht zubereitet werden.
• »Romanasalat mit Minze, Datteln, Orangen und Mandeln« (Seite 129) ist eine passende Beilage zu diesem einfachen Gericht.

Balsamico-Hähnchen mit Spargel und Petersilie

Reich an: ✓ Folat ✓ Eisen

Diese folat- und eisenreiche Kombination verwöhnt Ihren Gaumen und fördert die Blutbildung zur Unterstützung Ihres wachsenden Babys. Hähnchen ist eine gute Eisenquelle und folatreicher Spargel ist beste Schwangerenkost.

Vorbereiten 10 Minuten
Garen 20–25 Minuten
Für 4 Personen

4 mittelgroße Hähnchenbrüste, enthäutet, ohne Knochen, Gesamtgewicht etwa 500 g

1 TL Meersalz

1 EL Rapsöl

5 EL Balsamico-Essig

1 mittelgroße Schalotte, gewürfelt

350 g grüner Spargel, das untere Drittel der Stangen geschält, die Stangen in 5 cm große Stücke geschnitten

350 ml leicht gesalzene Hühnerbrühe

25 g frische glatte Petersilie, gehackt

15 g Butter

1 Die Hähnchenbrüste beidseitig salzen. Das Öl in einer großen Bratpfanne bei hoher Temperatur erhitzen. Die Hähnchenbrüste in die Pfanne legen und etwa 5 Minuten goldgelb braten. Wenden und die andere Seite 5 Minuten leicht bräunen, bis das Fleisch durchgegart ist.

2 Auf mittlere Temperatur zurückschalten und mit Essig ablöschen. Das Fleisch weitere 40 Sekunden garen, dabei wenden, bis der Essig verdampft ist. Die Hähnchenbrüste auf eine Platte legen und beiseitestellen.

3 Die Schalotte in die Pfanne geben und unter häufigem Wenden etwa 30 Sekunden anschwitzen. Den Spargel dazugeben und 1 Minute unter häufigem Wenden garen. Auf starke Hitze schalten und die Hühnerbrühe angießen. 2 Minuten kochen. Die Petersilie einrühren. Die Butter unterrühren und die Sauce 1 weitere Minute köcheln lassen.

4 Die Hähnchenbrüste wieder in die Pfanne geben und in der Sauce etwa 30 Sekunden erhitzen, dann auf 4 Teller verteilen. Auf jede Portion Sauce und Spargel geben und sofort servieren.

TIPP
• Servieren Sie das Gericht mit »Couscous mit Olivenöl und Petersilie« (Seite 133).

Enchiladas mit Hähnchen, Mais und schwarzen Bohnen

Reich an: ✓ Ballaststoffen ✓ Folat

Diese Mahlzeit baut auf drei Produkten aus Ihrer Vorratshaltung auf: schwarze Bohnen aus der Dose, ein Salsa-Fertigprodukt und Tiefkühlmais. Schwarze Bohnen sind reich an Ballaststoffen: Genießen Sie dieses Gericht im dritten Trimester, wenn Sie unter Darmträgheit leiden.

Vorbereiten 30 Minuten
Garen 15 Minuten
Für 6 Personen

4 TL Rapsöl

500 g Hähnchenbrust, enthäutet, ohne Knochen, in 5 cm große Würfel geschnitten

5 TL mexikanische Würzmischung

1 TL Meersalz

2 Knoblauchzehen, gehackt

1 Zwiebel, gewürfelt

250 g Maiskörner, tiefgekühlt

1 Dose (ca. 425 g) schwarze Bohnen, abgetropft und abgespült

25 g Koriandergrün, gehackt

12 Maistortillas (15 cm Durchmesser)

350 g qualitativ hochwertige Fertig-Salsa

200 g Cheddar, gerieben

1 Den Backofen auf 190 °C vorheizen. 2 Teelöffel Öl in einem großen Topf bei mittlerer Temperatur erhitzen. Inzwischen die Hähnchenstücke mit 3 Teelöffeln mexikanischer Würzmischung und ½ Teelöffel Salz würzen. Das Hähnchenfleisch in den Topf geben und 2–3 Minuten anbräunen. Die Stücke umdrehen und weitere 2 Minuten braten, bis sie gar sind. Das Fleisch auf einen Teller legen und beiseitestellen.

2 Auf schwache Hitze schalten. Die restlichen 2 Teelöffel Öl in den Topf geben und den Knoblauch darin 30 Sekunden unter häufigem Wenden anbraten. Die Zwiebel dazugeben und mit dem restlichen Salz bestreuen. 3 Minuten anschwitzen, dabei oft wenden. Die restlichen 2 Teelöffel mexikanische Würzmischung dazugeben. Den Mais einrühren und 1 Minute garen, dann die schwarzen Bohnen und den Koriander hinzufügen. Den Topf vom Herd nehmen. Das Hähnchenfleisch kleiner schneiden und in den Topf geben. Gut untermengen.

3 Jede Tortilla mit der Hähnchen-Gemüse-Mischung füllen und aufrollen (es macht nichts, wenn die Tortillas reißen). Auf ein schweres Backblech legen, eng nebeneinander, damit sie nicht aufrollen. Auf jede Tortilla Salsa geben und Käse streuen. Im heißen Ofen etwa 15 Minuten backen, bis der Käse geschmolzen ist und die Tortillas weich sind. Heiß servieren.

TIPP

• Vegetarisch wird die Füllung, wenn Sie das Fleisch durch 500 g extrafesten, ausgepressten und abgetropften Tofu (siehe Seite 102) ersetzen; er wird in 2,5 cm große Würfel geschnitten. Der gewürzte Tofu ist schneller gar (in 1–2 Minuten).

Würzige Hähnchenbrüste mit Avocado-Mais-Salsa

Reich an: ✓ Folat ✓ Eisen

In heißen Gegenden glaubt man, dass scharfe Speisen kühlend wirken; versuchen Sie also dieses Gericht, wenn Ihnen die Schwangerschaftshitze zusetzt. Die Salsa wird nicht mit Tomaten zubereitet – Avocado gibt ihr die cremige Konsistenz und der Mais sorgt für Biss.

Vorbereiten 15 Minuten
Garen 10 Minuten
Für 4 Personen

4 mittelgroße Hähnchenbrüste (insgesamt etwa 500 g), enthäutet, ohne Knochen
½ TL Meersalz
5 TL mexikanische Würzmischung
1 EL Rapsöl

Salsa
½ rote Zwiebel, fein gehackt
1 frischer Maiskolben, Körner heruntergeschnitten
25 g frische Korianderblätter, gehackt
Saft von 2 Limetten
½ TL Meersalz
1 reife Avocado, geschält, entsteint und gewürfelt
frisch gemahlener schwarzer Pfeffer

1 Für die Salsa die Zwiebel, die Maiskörner, den Koriander, den Limettensaft und das Salz in einer mittelgroßen Schüssel mischen. Die Avocadowürfel vorsichtig einrühren. Die Salsa mit schwarzem Pfeffer würzen und zugedeckt beiseitestellen.

2 Jede Hähnchenbrust beidseitig mit dem Salz und der mexikanischen Würzmischung bestreuen. Das Öl in einer großen Pfanne bei hoher Temperatur erhitzen. Die Hähnchenbrüste vorsichtig hineinlegen und etwa 5 Minuten anbräunen. Das Fleisch wenden und weitere 5 Minuten braten, bis es gebräunt und gar ist.

3 Die Hähnchenbrüste auf 4 Teller verteilen. Jede Portion mit Salsa überziehen und servieren.

TIPPS
• Wenn es keinen frischen Mais gibt, verwenden Sie tiefgekühlten.
• Die Salsa kann mehrere Stunden im Voraus zubereitet und bei Zimmertemperatur aufbewahrt werden. Die Säure des Limettensafts verhindert, dass sich die Avocado verfärbt.

Avocados liefern reichlich Folat und herzgesunde Fette. Im frühen ersten Trimester ist Folat zur Vorbeugung von Neuralrohrdefekten besonders wichtig.

Steak mit Pilzen

Reich an: ✓ Eisen ✓ Eiweiß

Heißhunger auf Fleisch kann ein Signal des Körpers sein, dass er Eisen benötigt. Trinken Sie zu dem Steak Vitamin-C-reichen Fruchtsaft, der die Aufnahme des Eisens im Körper fördert. Kalzium (in Milch und Käse) und Koffein (in Kaffee und Limonadengetränken) behindern die Eisenaufnahme.

Vorbereiten 10 Minuten
Garen 15 Minuten
Für 4 Personen

600 g Rumpsteak ohne sichtbares Fett
1 TL Meersalz
frisch gemahlener schwarzer Pfeffer
1 EL Olivenöl
1 Schalotte, gewürfelt
120 g braune Champignons, in Scheiben geschnitten
120 g kleine weiße Champignons, in Scheiben geschnitten
120 g Portobello-Pilze, in Scheiben geschnitten
125 ml Rotwein
15 g Butter
25 g frische glatte Petersilie, gehackt

1 Die Steaks beidseitig mit der Hälfte des Salzes und etwas schwarzem Pfeffer würzen. Das Olivenöl in einer schweren Pfanne bei hoher Temperatur erhitzen. Die Steaks im heißen Öl etwa 4 Minuten braten, wenden und weitere 4 Minuten braten. Herausnehmen, auf ein Schneidebrett legen und 5 Minuten ruhen lassen.

2 Auf schwache Hitze schalten und die Schalotten in der Pfanne 30 Sekunden unter häufigem Wenden dünsten. Auf starke Hitze hochschalten, die Pilze dazugeben und mit dem restlichen Salz bestreuen. Die Pilze unter häufigem Rühren etwa 2 Minuten anbraten, bis sie weich sind. Mit dem Wein ablöschen und 2 Minuten köcheln lassen. Die Butter einrühren. Auf schwache Hitze schalten.

3 Das Fleisch quer zur Faser dünn schneiden und in die Sauce legen. Die Petersilie hinzufügen. Fleisch und Sauce auf 4 Teller verteilen und sofort servieren.

TIPPS
- Statt Rumpsteak können Sie auch Filetsteak verwenden.
- Servieren Sie zum Steak »Kartoffelbrei mit Olivenöl und gebratenem Knoblauch« (Seite 134).

Schnelles Pfannensteak

Reich an: ✓ Eisen

Ihre Blutmenge erhöht sich in der Schwangerschaft um beinahe 50 Prozent. Dies erfordert zusätzliches Eisen über die Nahrung. Rotes Fleisch wie Rindfleisch ist reich an Häm-Eisen, eine Form des Eisens, die gut verwertet werden kann. Die angegebene Garzeit ist ein Richtwert für ein Steak »Medium«.

Vorbereiten 5 Minuten
Garen 15 Minuten
Für 4 Personen

700 g Rumpsteak ohne sichtbares Fett
1 TL Meersalz
frisch gemahlener schwarzer Pfeffer
1 EL Olivenöl
2 Knoblauchzehen, in dünne Scheiben geschnitten
5 EL Rotwein
125 ml leicht gesalzene Hühnerbrühe
15 g Butter
2 EL frische glatte Petersilie, gehackt

1 Die Steaks beidseitig salzen und pfeffern. Das Olivenöl in einer schweren Pfanne (Edelstahl ist gut geeignet) bei hoher Temperatur erhitzen. Die Steaks im heißen Öl 4 Minuten braten, wenden und auf der anderen Seite 4 Minuten braten. Die Steaks auf einen Teller legen und 5 Minuten ruhen lassen.

2 In der Zwischenzeit das Fett, bis auf 2 Teelöffel, aus der Pfanne abgießen. Auf schwache Hitze schalten und den Knoblauch in die Pfanne geben. 1 Minute garen, bis er weich ist und duftet. Auf starke Hitze schalten und den Wein angießen. 1 Minute köcheln lassen. Die Hühnerbrühe angießen und 1 weitere Minute köcheln lassen. Den Fleischsaft vom Teller, auf dem das Fleisch liegt, dazugeben. Die Butter einrühren und die Sauce 2 Minuten köcheln lassen. Die Petersilie einrühren. Die Pfanne vom Herd nehmen.

3 Zum Servieren die Steaks quer zur Faser dünn schneiden. Die Fleischscheiben auf 4 Teller verteilen und mit Sauce übergießen.

TIPP

• Besonders gut schmeckt ein Steak, wenn es in der Mitte noch ein wenig rosa ist; in der Schwangerschaft sollten Sie Rindfleisch jedoch wegen des Toxoplasmose-Risikos nur durchgegart essen.

Schweinefilet im Gewürzmantel

Reich an: ✓ **Eisen** ✓ **Eiweiß**

Schweinefleisch hatte lange den Ruf, sehr fett zu sein. Doch das heute erhältliche Schweinefleisch ist mager und zart und eine gute Eisenquelle. Schweinefleisch ist schnell gar; mit einer fertigen Barbecue-Sauce serviert, ergibt es ein praktisches Gericht. Reichen Sie dazu Kartoffelbrei und Krautsalat oder grünen Salat.

Vorbereiten 5 Minuten
Garen 30 Minuten
Für 4 Personen

2 mittelgroße Schweinefilets, Gesamtgewicht etwa 500 g
1 TL Meersalz
1 EL mexikanische Würzmischung
350 ml Barbecue-Sauce (Fertigprodukt)

1 Den Backofen auf 200 °C vorheizen. Die Schweinefilets rundherum mit Salz und mexikanischer Würzmischung bestreuen. Das Fleisch auf einen Ofenrost legen, ein Backblech darunter einschieben, und im heißen Ofen etwa 20 Minuten garen.
2 Die Filets auf ein Schneidebrett legen, mit Folie bedecken und etwa 10 Minuten ruhen lassen. Inzwischen die Barbecue-Sauce erwärmen.
3 Das Schweinefleisch schneiden und auf 4 Teller legen. Jede Portion mit Barbecue-Sauce anrichten und sofort servieren.

Im dritten Trimester erhält Ihr Baby besonders viel Eisen aus Ihrem Körper, selbst wenn Sie nicht genügend Eisen gespeichert haben. Daher müssen Sie viel eisenreiche Speisen essen.

Toskanisches Schweinekotelett mit karamellisierten Äpfeln und Schalotten

Reich an: ✓ Eisen ✓ Eiweiß

Dieses schnelle, leckere Schweinekotelett schmeichelt Ihrem Gaumen und stillt Ihre Lust auf salzige, pikante Speisen auf gesunde Weise. Die süßen Äpfel sind ein idealer Kontrast zum Schweinefleisch. Bestimmt schmeckt dieses Gericht Ihrer ganzen Familie.

Vorbereiten 15 Minuten
Garen 30 Minuten
Für 4 Personen

8 Schweinekoteletts aus der Hüfte, ohne Knochen, etwa 1,5 cm dick geschnitten, Gesamtgewicht etwa 700 g
1 TL Meersalz
frisch gemahlener schwarzer Pfeffer
4 TL Rapsöl
2 Schalotten, fein gehackt
5 EL Rotwein
125 ml leicht gesalzene Hühnerbrühe
15 g Butter

Karamellisierte Äpfel
1 Butterflöckchen
2 Äpfel, Granny Smith, entkernt und in 1 cm dicke Schnitze geschnitten
1 EL Zucker

1 Zur Zubereitung der Äpfel die Butter in einer großen Pfanne bei mittlerer Hitze schmelzen. Wenn sie nicht mehr schäumt, die Apfelschnitze nebeneinander hineinlegen. Die Äpfel bei mittlerer bis schwacher Hitze unter gelegentlichem Wenden 10–12 Minuten braten, bis sie rundum gebräunt sind. Mit dem Zucker bestreuen und 3 Minuten karamellisieren; dabei zweimal wenden. Die Äpfel auf einen Teller legen und beiseitestellen.

2 Die Koteletts beidseitig salzen und pfeffern. In einer großen Pfanne 2 Teelöffel Öl bei hoher Temperatur erhitzen. 4 Koteletts hineinlegen und 2 ½ Minuten anbraten, wenden und auf der anderen Seite etwa 2 Minuten braten. Die Koteletts auf einen Teller legen und warm halten. Die restlichen Koteletts mit dem verbleibenden Öl auf die gleiche Weise braten. Auf den Teller legen.

3 Auf schwache Hitze schalten und die Schalotten in die Pfanne geben. 30 Sekunden anschwitzen, dabei ständig wenden. Auf starke Hitze schalten und mit dem Wein ablöschen. 1 Minute köcheln lassen. Die Hühnerbrühe angießen und 1 weitere Minute köcheln lassen. Den Fleischsaft vom Teller, auf dem die Koteletts liegen, hineingeben. Die Butter einrühren und die Sauce 2 Minuten köcheln lassen. Die Pfanne vom Herd nehmen.

4 Die Koteletts auf 4 große Teller verteilen und mit den karamellisierten Äpfeln belegen. Auf jeden Teller etwas Sauce gießen und sofort servieren.

TIPP
• Die karamellisierten Äpfel können einige Stunden im Voraus zubereitet werden, sodass das Kochen dann noch schneller geht.

Mittag- und Abendessen am Wochenende

KICHERERBSEN UND TOFU IN CURRY
Seite 160

GEBACKENE SCHWARZE BOHNEN MIT NATURREIS
Seite 161

KNUSPRIGER SCHELLFISCH MIT SPINAT
Seite 162

HÄHNCHENFLÜGEL AUS DEM OFEN
Seite 163

HÄHNCHENSCHENKEL MIT ESSIG UND SÜSSER PAPRIKA
Seite 164

HÄHNCHEN UND GARNELEN IN KNOBLAUCH MIT TOMATEN UND KRÄUTERN
Seite 165

RINDFLEISCH IN ROTWEIN
Seite 166

Auch in der Schwangerschaft wollen Sie gelegentlich von Ihren Freunden und Bekannten besucht werden und sie bewirten. Dazu brauchen Sie Gerichte, die sowohl Ihrem veränderten Schwangerschaftsappetit als auch Ihren Gästen zusagen. In diesem Kapitel finden Sie Ideen für reichhaltige Eintöpfe und andere Gerichte, die sich für besondere Gelegenheiten wie für spontane Treffen eignen. Zudem erhalten Sie abwechslungsreiche Rezepte für Hauptgerichte. So können Sie entspannt die Gesellschaft Ihrer Freunde genießen.

Wenn Sie Freunde zu einem Mittag- oder Abendessen, einem Sonntagsbrunch oder einem Imbiss beim gemeinsamen Fernsehen einladen, servieren Sie Gerichte, die Ihnen wie auch Ihren Gästen schmecken.

Selbst für einen geübten Koch kann es stressig sein, mehrere Gänge zuzubereiten, die intensive Küchenarbeit erfordern. Suchen Sie bei der Planung Menüs aus, bei denen manches schon im Voraus zubereitet werden kann. So können Sie die Gesellschaft Ihrer Gäste genießen, statt die ganze Zeit in der Küche zu stehen. Und wenn zum Schluss jeder das Essen lobt und bemerkt, wie scheinbar mühelos Sie es auf den Tisch gezaubert haben, dürfen Sie Ihre Gäste ruhig bitten, sich durch den Abwasch zu revanchieren.

Nehmen Sie sich an den Wochenenden Zeit, einen Gang zurückzuschalten und mit Ihrer Familie gemeinsam zu kochen. Am Wochenende haben Sie auch die Gelegenheit, Gerichte zu kochen, die Sie im Laufe der Woche nur aufwärmen müssen. So können Sie den Alltagsstress bedeutend verringern.

Kichererbsen und Tofu in Curry

Reich an: ✓ Ballaststoffen ✓ Folat

Dieses pikante Gericht trifft den Geschmack im zweiten und dritten Trimester. Sowohl Tofu als auch Kichererbsen liefern Ballaststoffe und bringen Ihren Darm in Schwung. Reste lassen sich gut aufwärmen und sind in einer stressigen Woche sehr willkommen.

Vorbereiten 30 Minuten
Garen 15 Minuten
Für 4 Personen

Tofu in Curry

450 g extrafester Tofu
1 EL Rapsöl
½ TL Meersalz
frisch gemahlener schwarzer Pfeffer
1½ TL Currypulver

Kichererbsen

1 EL Rapsöl
3 Knoblauchzehen, in dünne Scheiben geschnitten
2,5 cm frischer Ingwer, geschält und fein gehackt
1 Zwiebel, in dünne Scheiben geschnitten
1 Prise Meersalz
1 EL Currypulver
1 Dose (ca. 400 g) gehackte Tomaten, abgetropft
1 Dose (ca. 425 g) Kichererbsen, abgetropft und abgespült
25 g frische glatte Petersilie, gehackt

1 Zunächst die Flüssigkeit aus dem Tofu pressen (siehe Seite 102), dann den Tofu in Würfel schneiden. Das Öl in einer Pfanne bei hoher Temperatur erhitzen. Den Tofu mit Salz und schwarzem Pfeffer würzen und im heißen Öl 1½ Minuten anbraten. Wenden, dann weitere 1½ Minuten braten. Auf schwache Hitze schalten und den Tofu mit Currypulver bestreuen. 30 Sekunden garen. Auf einen Teller legen.

2 Zur Zubereitung der Kichererbsen das Öl in die Pfanne geben. Wenn es heiß ist, Knoblauch und Ingwer hineingeben und bei mittlerer Temperatur 1 Minute anbraten. Die Zwiebel dazugeben und salzen. Etwa 3 Minuten unter gelegentlichem Wenden weich garen.

3 Das Currypulver einrühren und 30 Sekunden garen. Auf starke Hitze schalten, 250 ml Wasser angießen und 1 Minute köcheln lassen. Die gehackten Tomaten und Kichererbsen unterrühren. Die Sauce zum Kochen bringen und bei reduzierter Temperatur 5 Minuten köcheln lassen.

4 Zum Servieren die Curry-Kichererbsen auf 4 tiefe Teller verteilen. Jede Portion mit Tofu und Petersilie anrichten.

Gebackene schwarze Bohnen mit Naturreis

Reich an: ✓ Ballaststoffen ✓ Folat

Dieses Bohnen-Reis-Gericht ist besonders im zweiten und dritten Trimester empfehlenswert, weil es den Körper nicht belastet. Wenn Sie während der Schwangerschaft gut gewürzte Speisen essen, gewöhnt sich Ihr Baby früh an neue Geschmacksrichtungen.

Einweichen der Bohnen über Nacht
Vorbereiten 20 Minuten
Garen 2¼ Stunden
Für 4 Personen plus Reste für den folgenden Tag

300 g Langkorn-Naturreis
50 g frische glatte Petersilie, gehackt
60 g Cheddar, gerieben
4 EL saure Sahne

Schwarze Bohnen

500 g getrocknete schwarze Bohnen, über Nacht in kaltem Wasser eingeweicht, dann abgegossen
2 EL Rapsöl
5 Knoblauchzehen, in dünne Scheiben geschnitten
1 Zwiebel, gewürfelt
1 rote Paprikaschote, von den Samen befreit und gewürfelt
1 grüne Paprikaschote, von den Samen befreit und gewürfelt
2 Chipotle-Chilischoten (getrocknete, geräucherte Jalapeños) oder andere getrocknete Chilischoten
1¼ TL Meersalz
1 EL mildes Chilipulver
1 TL gemahlener Kreuzkümmel

1 Den Backofen auf 180 °C vorheizen. Die eingeweichten Bohnen in einen Topf geben, mit Wasser bedecken und zum Kochen bringen. 10 Minuten kochen lassen, dann abgießen.

2 Während die Bohnen kochen, das Öl in einer großen, feuerfesten Kasserolle bei mittlerer Temperatur erhitzen. Den Knoblauch zugeben und 30 Sekunden braten. Die Zwiebel zugeben und unter häufigem Wenden etwa 2 Minuten anschwitzen. Paprika- und Chilischoten zugeben, salzen und 2 Minuten unter gelegentlichem Rühren garen. Das Chilipulver und den Kreuzkümmel einrühren und alles zugedeckt 4 Minuten unter gelegentlichem Rühren dämpfen.

3 Auf starke Hitze schalten und die Bohnen unterrühren. 2½ Liter Wasser angießen und zugedeckt zum Kochen bringen. Die Kasserolle in den Ofen stellen. Die Bohnen 2 Stunden backen, bis sie sehr zart sind.

4 Während die Bohnen noch garen, den Reis zubereiten. 1 Liter Wasser in einem mittelgroßen Topf zum Kochen bringen. Den Reis einrühren und den Topf fest verschließen. Den Reis bei schwacher Hitze etwa 45 Minuten köcheln lassen, bis er weich ist und die Flüssigkeit aufgesogen hat.

5 Wenn die Bohnen weich sind, die Chilischoten herausnehmen und wegwerfen. Zum Servieren eine Reiskugel auf jeden Teller legen und eine Schöpfkelle Bohnen darübergeben. Jede Portion mit etwas Petersilie, Käse und saurer Sahne garnieren.

TIPP

• Bohnenreste können in Weizenmehltortillas zu Burritos gerollt oder auf warmen Maistortillas genossen werden.

Knuspriger Schellfisch mit Spinat

Reich an: ✓ Folat ✓ Eiweiß

Da ist sie wieder, diese Lust auf Gebratenes – dieses Mal auf Backfisch mit Bratkartoffeln! Doch statt gleich zum nächsten Fisch-Imbiss zu laufen, bereiten Sie selbst knusprigen Fisch zu, mit folatreichem Spinat anstelle der Bratkartoffeln. Sie benötigen viel Folat, damit mehr rote Blutkörperchen gebildet werden und die Zellteilung unterstützt wird.

Vorbereiten 10 Minuten
Garen 20 Minuten
Für 4 Personen

60 g Mehl Type 405
½ TL Knoblauchpulver
½ TL Zwiebelsalz
1 TL edelsüßes Paprikapulver
½ TL frisch gemahlener schwarzer Pfeffer
750 g Schellfischfilet, ohne Haut, in 4 Portionen geschnitten
2 EL Olivenöl

Gedämpfter Spinat

1 EL Olivenöl
1 Knoblauchzehe, in dünne Scheiben geschnitten
350 g Spinat, gehackt
Saft von ½ Zitrone
1 große Prise Meersalz

1 Den Backofen auf 220 °C vorheizen. Mehl, Knoblauchpulver, Zwiebelsalz, Paprikapulver und Pfeffer in einer flachen Schüssel vermengen. Den Fisch in der Mehlmischung wenden, die Panade leicht festklopfen. Überschüssige Panade abschütteln.
2 Das Olivenöl in einer ofenfesten Pfanne bei mittlerer bis starker Temperatur erhitzen. Den Fisch darin etwa 2½ Minuten anbraten, bis sich eine goldene Kruste bildet. Den Fisch wenden und die Pfanne in den Ofen stellen. Den Fisch darin etwa 5 Minuten backen, bis er bei einer Probe mit einer Gabel leicht zerfällt.
3 Inzwischen den Spinat zubereiten. Das Olivenöl in einer anderen Pfanne bei mittlerer Temperatur erhitzen. Den Knoblauch dazugeben und 45 Sekunden unter häufigem Wenden garen. Auf starke Hitze schalten und Spinat, Zitronensaft und Salz dazugeben. Den Spinat unter ständigem Rühren etwa 2 Minuten garen, bis er zusammenfällt.
4 Den Spinat zum Servieren auf 4 Teller verteilen. Auf jeder Portion ein Stück Fisch anrichten und sofort servieren.

TIPPS

- Statt Schellfisch können Sie Scholle, Seezunge und Kabeljau verwenden – sie alle sind wenig mit Quecksilber belastet (siehe Seite 35). Ändern Sie dabei die Garzeiten entsprechend ab. Dünnfleischiger Fisch muss eventuell nicht im Ofen gegart werden: Er kann gewendet und auf dem Herd fertig gebraten werden.
- Eine große (30 cm) Edelstahlpfanne ist für das Braten des Fischs am besten geeignet.

Hähnchenflügel aus dem Ofen

Reich an: ✓ Eiweiß

Probieren Sie diese im Ofen zubereitete Alternative zu den frittierten Hähnchenflügeln. Sie sind viel gesünder. Laden Sie Ihre Freunde zu einem gemütlichen Video- oder Fernsehabend ein und verwöhnen Sie sie mit diesem Imbiss. Servieren Sie zu diesen Chicken Wings Kartoffelsalat und grünen Salat und legen Sie Papierservietten bereit.

Vorbereiten 40 Minuten
Marinieren 1 Stunde
Garen 25–30 Minuten
Für 4 Personen

300 ml Buttermilch
1,1 kg Hähnchenflügel, ohne Spitzen
150 g Mehl
1 EL edelsüßes Paprikapulver
1 TL Zwiebelsalz
1 TL Knoblauchpulver
1 TL frisch gemahlener schwarzer Pfeffer
2 TL Rapsöl

1 Die Buttermilch in eine große Schüssel gießen. Die Hähnchenflügel 1 Stunde in der Buttermilch einlegen. Mehl, Paprikapulver, Zwiebelsalz, Knoblauchpulver und schwarzen Pfeffer in einer flachen Schale mischen.
2 Den Backofen auf 220 °C vorheizen. 2 Backbleche leicht mit Öl einfetten.
3 Die Hähnchenstücke abtrocknen. Jeden Flügel in dem gewürzten Mehl wenden, überschüssiges Mehl abschütteln und die Wings mit 5 cm Abstand auf die vorbereiteten Backbleche legen. Die Bleche in den Ofen schieben und die Wings 25–30 Minuten backen, bis sie goldbraun und knusprig sind. Heiß oder mit Zimmertemperatur servieren.

TIPP
• Wenn Sie keinen Umluftofen haben, müssen Sie die Einschubhöhe der Backbleche nach der Hälfte der Backzeit wechseln.

Diese pikanten Hähnchenflügel schmecken ebenso gut und sind genauso knusprig wie die Fastfood-Variante, enthalten aber kein gesättigtes Fett und viel weniger Kalorien.

Hähnchenschenkel mit Essig und süßer Paprika

Reich an: ✓ Eisen ✓ Folat

Rindfleisch gilt gemeinhin als besonders eisenreich, doch Hähnchen sind auch eine gut verwertbare Eisenquelle. Sowohl Tomaten wie Paprika unterstützen die Eisenaufnahme. Die Sauce schmeckt sehr intensiv, da sie stark eingekocht wird.

Vorbereiten 15 Minuten
Garen etwa 1 Stunde
Für 4 Personen

700 g Hähnchenschenkel, ohne Haut und Knochen

1½ TL Meersalz

2 EL Olivenöl

4 EL Balsamico-Essig

3 Knoblauchzehen, in Scheiben geschnitten

1 Zwiebel, gewürfelt

2 rote Paprikaschoten, von den Samen befreit, in 4 cm breite Streifen geschnitten

350 ml leicht gesalzene Hühnerbrühe

2 Dosen (je ca. 400 g) ganze Eiertomaten, abgetropft und püriert

25 g frische glatte Petersilie

frisch gemahlener schwarzer Pfeffer

1 Die Hähnchenschenkel rundherum mit 1 Teelöffel Salz einreiben. 1 Esslöffel Olivenöl bei starker Hitze in einer großen, feuerfesten Kasserolle erhitzen. Die Hähnchenschenkel darin etwa 3 Minuten anbraten. Wenden und weitere 3 Minuten braten. Mit 3 Esslöffeln Essig beträufeln. Auf mittlere Hitze schalten und 1 Minute garen, dabei häufig wenden. Das Fleisch auf eine Platte legen und beiseitestellen.

2 Die Kasserolle auswischen, dann bei schwacher Hitze auf den Herd stellen. 1 Esslöffel Olivenöl hineingeben und den Knoblauch darin 1 Minute unter häufigem Wenden andünsten. Die Temperatur etwas erhöhen und die Zwiebel dazugeben. Mit dem restlichen Salz bestreuen und die Zwiebel unter häufigem Wenden etwa 2 Minuten anbraten. Die Paprikaschoten dazugeben und weitere 2 Minuten unter gelegentlichem Wenden garen.

3 Die Hähnchenschenkel mit ihrem Fleischsaft wieder in den Topf geben, unterrühren und zugedeckt 3 Minuten garen; dabei gelegentlich umrühren. Auf starke Hitze schalten, die Hühnerbrühe angießen und die pürierten Tomaten und 1 Esslöffel Essig dazugeben. Zum Kochen bringen. Bei schwacher Hitze ohne Deckel 30–45 Minuten köcheln lassen; gelegentlich umrühren. Die Petersilie einrühren und mit Pfeffer abschmecken. Auf 4 Teller verteilen und servieren.

TIPPS

- Reichen Sie zu den Hähnchenschenkeln Eiernudeln.
- Das Gericht kann bis zu 2 Tage im Voraus zubereitet und im Kühlschrank aufbewahrt werden. Reste werden im Kühlschrank aufbewahrt und können mittags in der Mikrowelle aufgewärmt werden.
- Bequemer ist es, wenn Sie die Schenkel ohne Deckel bei 150 °C im Ofen garen.

Hähnchen und Garnelen in Knoblauch mit Tomaten und Kräutern

Reich an: ✓ Eiweiß ✓ Eisen

Es ist im Allgemeinen kein Problem, den Eiweißbedarf in der Schwangerschaft zu decken. Als Faustregel gilt, dass Sie bei jeder Mahlzeit ein eiweißreiches Nahrungsmittel zu sich nehmen sollten. Hähnchen und Garnelen sind magere Eiweißquellen. Dieses Gericht geht schnell.

Vorbereiten 15 Minuten
Garen 10 Minuten
Für 4 Personen

500 g Hähnchenbrust, ohne Haut, ohne Knochen, in Streifen geschnitten

1 TL Meersalz

4 TL Olivenöl

2 Knoblauchzehen, in dünne Scheiben geschnitten

250 ml leicht gesalzene Hühnerbrühe

4 Dosentomaten, abgetropft und gewürfelt

225 g rohe King- oder Tiger-Prawn-Garnelen ohne Kopf und Schale

15 g Butter

4 Frühlingszwiebeln, in dünne Ringe geschnitten

25 g Koriandergrün, gehackt

frisch gemahlener schwarzer Pfeffer

1 Die Hähnchenstreifen mit ½ Teelöffel Salz würzen. 2 Teelöffel Olivenöl bei starker Hitze in einem großen Topf erhitzen. Das Hähnchenfleisch hineingeben und etwa 3 Minuten rundherum braun anbraten. Auf einen Teller geben und beiseitestellen.

2 Auf schwache Hitze schalten und die restlichen 2 Teelöffel Olivenöl in den Topf geben. Den Knoblauch darin unter gelegentlichem Wenden etwa 45 Sekunden anbraten. Auf starke Hitze schalten und die Hühnerbrühe angießen. Etwa 2 Minuten köcheln lassen. Die gewürfelten Tomaten hineingeben. Das Fleisch gut unterrühren, dann 1 Minute köcheln lassen. Die Garnelen und die Butter einrühren. Unter gelegentlichem Rühren etwa 1 Minute köcheln lassen, bis die Garnelen rosa und gar sind.

3 Den Topf vom Herd nehmen. Frühlingszwiebeln und Koriander einrühren. Mit dem restlichen Salz und etwas schwarzem Pfeffer abschmecken. Hähnchen, Garnelen und Sauce auf 4 tiefe Teller verteilen und sofort servieren.

TIPPS
- Reichen Sie zu dem Gericht Couscous.
- Anstelle von Garnelen können Sie Jakobsmuscheln verwenden. Sie müssen die Kochzeit entsprechend ihrer Größe abändern.

Rindfleisch in Rotwein

Reich an: ✓ Eisen ✓ Vitamin C

Mit Wein können Sie unbedenklich kochen, da der Alkohol verdampft und nur der köstliche Geschmack zurückbleibt. Die intensiven Aromen von Rindfleisch und Rotwein werden über das Fruchtwasser an die Geschmacksnerven Ihres Babys übertragen. Reichen Sie dazu Nudeln oder Eiernudeln mit etwas geriebenem Parmesan oder Pecorino.

Vorbereiten 15 Minuten
Garen 2½ Stunden
Für 4 Personen

1 EL Olivenöl

900 g Rinderhüfte oder -brust, ohne Knochen, in 5 cm große Würfel geschnitten

1½ TL Meersalz

8 Knoblauchzehen, geschält

1 Zwiebel, gewürfelt

1 TL getrocknetes Basilikum

½ TL getrockneter Oregano

350 ml trockener Rotwein

2 Dosen (je ca. 400 g) Eiertomaten, gehackt oder mit dem Saft püriert

frisch gemahlener schwarzer Pfeffer

1 Das Olivenöl in einer großen feuerfesten Kasserolle bei hoher Temperatur erhitzen. Die Rindfleischwürfel mit 1 Teelöffel Salz bestreuen, vorsichtig in das heiße Öl geben und 2 Minuten anbraten. Das Rindfleisch wenden und weitere 2 Minuten braten. Mit einem Schaumlöffel auf einen Teller legen.

2 Auf schwache Hitze schalten. Wenn erforderlich, noch etwas Olivenöl in den Topf geben, dann die Knoblauchzehen darin unter gelegentlichem Wenden 1–2 Minuten garen. Die Temperatur etwas erhöhen und die Zwiebel, das Basilikum und den Oregano dazugeben. Mit dem restlichen Salz bestreuen. Unter gelegentlichem Rühren etwa 2 Minuten garen, bis die Zwiebel weich ist.

3 Das Rindfleisch mit seinem Fleischsaft unterrühren und zugedeckt 5 Minuten garen. Auf starke Hitze schalten und den Wein angießen. Ohne Deckel 2 Minuten kochen lassen. Die Tomaten einrühren und zum Kochen bringen.

4 Die Hitze reduzieren und den Eintopf zugedeckt 2 Stunden oder bis das Fleisch sehr zart ist köcheln lassen; gelegentlich umrühren. Etwaiges Fett von der Brühe abschöpfen. Den Eintopf mit Pfeffer abschmecken und sofort servieren oder abkühlen lassen und im Kühlschrank aufbewahren (siehe unten).

TIPP

• Der Eintopf kann im Voraus zubereitet werden. Er schmeckt aufgewärmt sogar noch besser; bereiten Sie also die doppelte Menge zu. Vielleicht müssen Sie etwas Wasser beigeben, um die Sauce zu verflüssigen.

Desserts und Mixgetränke

BEEREN-JOGHURT-CREME
Seite 171

KARAMELLISIERTE ANANAS MIT HONIG-JOGHURT-SAUCE
Seite 172

ERDBEEREN IN SCHOKOLADE
Seite 173

WALNUSS-SCHOKOLADEN-KEKSE
Seite 174

CREMIGER ORANGEN-SMOOTHIE
Seite 176

HONIGMELONEN-BANANEN-SMOOTHIE
Seite 176

BEEREN-PINIENKERNE-SMOOTHIE
Seite 176

KATHARINAS PFEFFERMINZRIEGEL
Seite 177

Auch süße Speisen gehören zu einer Schwangerschaftskost. Gönnen Sie sich von Zeit zu Zeit ein wenig von Ihrer Lieblingssüßigkeit – ein Stück gute Schokolade, ein kleines Stück Kuchen oder eine Kugel Eiscreme. Wenn die Gewichtszunahme ein Problem ist, müssen Sie vor allem darauf achten, wie viel Sie essen, weniger, was Sie essen. Treiben Sie regelmäßig Sport und essen Sie bei den Mahlzeiten etwas weniger, sodass noch Platz ist für ein kleines Dessert.

Besonders ausgeprägt ist in der Schwangerschaft die Lust auf Schokolade und auf frisches Obst. Genießen Sie beides, indem Sie frische Erdbeeren oder Trockenobst wie Aprikosen in geschmolzene Schokolade tauchen (zur Zubereitung siehe »Erdbeeren in Schokolade«, Seite 173). Verwenden Sie Bitterschokolade statt Vollmilchschokolade. Bitterschokolade ist reich an herzgesunden Antioxidanzien, die vorbeugend gegen bestimmte Krebsarten wirken. Wissenschaftliche Ergebnisse lassen vermuten, dass die Vorbeugung gegen Herzkrankheiten und Krebs schon bei der Ernährung des Ungeborenen in der Gebärmutter beginnt. Studien zeigen auch, dass die Babys von Müttern, die in der Schwangerschaft Schokolade gegessen haben, mit sechs Monaten mehr lächeln.

Mixgetränke eignen sich als Zwischenmahlzeit, als Nachspeise, zum Frühstück oder als leichte Mittagsmahlzeit. Haben Sie immer Tiefkühlobst sowie Vanillejoghurt vorrätig. Joghurt ist ein hervorragender Eiweiß- und Kalziumlieferant (300 mg Kalzium in 250 g). Die empfohlene Menge Kalzium in der Schwangerschaft beträgt 700 mg täglich, wobei der Fetus den größten Teil im dritten Trimester zur Skelettbildung benötigt. Achten Sie daher besonders nach der 28. Woche auf kalziumreiche Nahrungsmittel. Je nachdem wie viel Sie zunehmen wollen, verwenden Sie Vollmilch- oder Magermilchjoghurt. Sie können die Mixgetränke auch mit Seiden-Tofu zubereiten – nehmen Sie die halbe Menge, die für Joghurt angegeben ist.

Beeren-Joghurt-Creme

Reich an: ✓ Antioxidanzien ✓ Kalzium

Das Auge isst mit – und dieses Dessert ist attraktiv, gesund und lecker. Richten Sie Früchte und Joghurt schichtweise in schönen Schalen an. Jede Obstsorte hat verschiedene Inhaltsstoffe. Variieren Sie also das Obst, dann erhalten Sie und Ihr Baby mit hoher Wahrscheinlichkeit alle notwendigen Nährstoffe.

Vorbereiten 10 Minuten
Garen keine Garzeit
Für 4 Personen

700 g Vanillejoghurt (0,3 % Fett)
150 g Brombeeren
350 g Erdbeeren, in Scheiben geschnitten
150 g Blaubeeren
4 EL Mandelblättchen

1 Für jede Creme eine Dessertschale aus Glas oder ein weites Weinglas bereitstellen. In jedes Glas 1 gehäuften Esslöffel Vanillejoghurt geben. Mit 3 oder 4 Brombeeren belegen. 1 weiteren gehäuften Esslöffel Vanillejoghurt daraufgeben, dann 10 – 12 Erdbeerscheiben. Nun wieder 1 gehäuften Esslöffel Vanillejoghurt, anschließend mehrere (je nach Größe) Blaubeeren. Den Abschluss bildet 1 gehäufter Esslöffel Vanillejoghurt.
2 Die Creme mit Mandelblättchen garnieren. Sofort servieren.

TIPPS
• Es ist wichtig, die Creme sofort nach der Zubereitung zu servieren. Steht sie zu lange, setzt sich Wasser ab.
• Wählen Sie Ihre Lieblingsbeeren oder auch kleine Würfel Honig-, Charentais-, Cantaloupe- oder Galiamelone. Melone wird bei Übelkeit oft gut vertragen.

Wenn Sie im ersten Trimester unter Übelkeit leiden, vertragen Sie vielleicht Obst, aber kein Gemüse. Essen Sie verschiedene Obstsorten, dann ist das in Ordnung. Sobald es Ihnen besser geht, greifen Sie auch wieder zu Gemüse.

Karamellisierte Ananas mit Honig-Joghurt-Sauce

Reich an: ✓ Vitamin C ✓ Ballaststoffen

Ausgereifte Ananas schmeckt zweifellos am besten einfach geschält und in Scheiben geschnitten. Doch wenn Sie Heißhunger auf Süßes haben, genießen Sie diese Komposition. Wird Ananas in etwas Butter gebraten, karamellisiert ihr Fruchtzucker und sie wird zu einer köstlichen Nascherei.

Vorbereiten 10 Minuten
Garen 10 Minuten
Für 4 Personen

15 g Butter
1 Ananas, geschält, vom Strunk befreit und der Länge nach in Achtel geschnitten

Sauce
350 g Vanillejoghurt (0,3 % Fett)
3 EL klarer Honig

1 Zuerst die Sauce zubereiten. Dazu Joghurt und Honig in einer mittelgroßen Schüssel verrühren und zugedeckt bis zum Servieren in den Kühlschrank stellen.
2 Die Butter in einer großen beschichteten Pfanne bei mittlerer Hitze schmelzen. Wenn sie nicht mehr schäumt, vorsichtig die Ananasstücke hineingeben. Etwa 8 Minuten braten, bis sie goldgelb und karamellisiert sind; dabei 2- bis 3-mal wenden.
3 Die Ananasstücke auf einen Teller legen. Auf starke Hitze schalten und 125 ml Wasser in die Pfanne gießen. Etwa 1 Minute köcheln lassen, dabei umrühren, damit sich der karamellisierte Bratensatz auflöst. Die Flüssigkeit zur Hälfte einkochen lassen, über die Ananas gießen und mit der Honig-Joghurt-Sauce servieren.

TIPPS
• Die Sauce kann bis zu 2 Tage im Voraus zubereitet werden. Rühren Sie sie vor dem Servieren nochmal gut durch.
• Sie können die Ananas auch mit Vanille-Joghurteis servieren.

Säuglingsbotulismus, eine sehr schwere Art der Nahrungsmittelvergiftung, kann bei Kindern unter einem Jahr durch den Verzehr von Honig ausgelöst werden; danach stellt der Verzehr von Honig keinerlei Gefahr mehr dar.

Erdbeeren in Schokolade

Reich an: ✓ **Antioxidanzien** ✓ **Vitamin C**

Schokolade und Obst harmonieren wunderbar; wenn Sie Bitterschokolade verwenden, liefert diese gesunde Antioxidanzien. Zudem sind die Erdbeeren in Schokolade auch als Mitbringsel oder kleines Geschenk hoch willkommen. Legen Sie dekoratives Papier auf ein Tablett und richten Sie die Erdbeeren darauf an. Sie werden im Nu verzehrt sein.

Vorbereiten 20 Minuten
Zubereiten 30 Minuten
Für 4 Personen

1 kg Erdbeeren
200–300 g gute Bitterschokolade, in Stücken

1 2 große Stücke Backpapier bereitlegen. Die Erdbeeren gründlich waschen und mit Küchenpapier gut trocken tupfen. Beiseitestellen.
2 Die Schokolade im Wasserbad oder einem Simmertopf schmelzen. Für ein Wasserbad in einem größeren Topf Wasser heiß werden, aber nicht kochen lassen. Darin in einem kleineren Gefäß die Schokolade unter ständigem Rühren vorsichtig schmelzen lassen.
3 Das heiße Wasser wegschütten und den großen Topf mit kaltem Wasser füllen. Das Gefäß mit der geschmolzenen Schokolade in das kalte Wasser stellen und rühren, bis die Schokolade etwas abgekühlt ist.
4 In rascher Abfolge jeweils eine Erdbeere mit den Fingerspitzen am grünen Blattansatz nehmen und zur Hälfte in die Schokolade tauchen. Die überschüssige Schokolade in den Topf abtropfen lassen, dann die Erdbeere auf das Backpapier legen. Den Vorgang mit den anderen Erdbeeren und der Schokolade wiederholen. Die Beeren 15 Minuten trocknen lassen, dann vom Backpapier nehmen.

TIPPS
• Wählen Sie zum Eintunken große Erdbeeren.
• Achten Sie darauf, dass die Erdbeeren vor dem Eintauchen trocken sind, da die Schokolade sonst nicht richtig antrocknet.
• Orangen- und Grapefruitschnitze, Ananasstücke, Trockenobst, große Cashewkerne und andere große Nüsse können ebenfalls in Schokolade getunkt werden.

Walnuss-Schokoladen-Kekse

Reich an: ✓ Omega-3-Fettsäuren ✓ Ballaststoffen

Kaum zu glauben – ein Keks, der gut schmeckt und dazu beiträgt, dass Sie ein klügeres Baby bekommen! Diese Kekse enthalten Walnüsse und gemahlenen Leinsamen und sind daher reich an Omega-3-Fettsäuren, die die Gehirn- und neuronale Entwicklung Ihres Babys unterstützen. Der Leinsamen macht die Kekse saftig und ballaststoffhaltig.

Vorbereiten 10 Minuten
Backen 10 Minuten
Für 24 Kekse

125 g Butter
100 g feinster Zucker
100 g Rohrzucker
2 Eier
1 TL Vanilleextrakt
120 g Leinsamen, mehlfein gemahlen (siehe Hinweis)
200 g Mehl
2 TL Natron
1 große Prise feines Meersalz
200 g bittere Schokoladenchips
100 g Walnusskerne, grob gehackt

1 Den Backofen auf 180 °C vorheizen. Butter, Zucker und Rohrzucker in einer großen Schüssel schaumig rühren. Eier und Vanilleextrakt hineinrühren. Beiseitestellen.
2 In einer anderen Schüssel Leinsamen, Mehl, Natron und Salz verrühren. Diese trockenen Zutaten zur Buttermasse geben und gründlich unterheben. Schokoladenchips und Walnüsse einrühren.
3 Jeweils 1 gehäuften Teelöffel Teig in 5 cm Abstand auf 2 ungefettete, beschichtete Backbleche geben. 7–9 Minuten goldbraun backen.
4 Die Kekse aus dem Ofen nehmen und 5 Minuten abkühlen lassen. Dann mit einem Pfannenwender auf einen Backrost zum Auskühlen legen.

TIPPS
• Am besten lässt sich Leinsamen in einer sauberen Kaffeemühle mahlen. Sie können die Samen auch in einen hohen Rührbecher geben und mit einem Pürierstab zerkleinern. Den Rührbecher mit einem Geschirrtuch abdecken, damit der Samen nicht durch die Küche fliegt.
• Wenn Sie nicht alle Kekse auf einmal backen wollen, wickeln Sie den restlichen Teig in Frischhaltefolie und frieren Sie ihn ein; vor dem Weiterverarbeiten und Backen auftauen lassen.

Mixgetränke

Reich an: ✓ Eiweiß ✓ Kalzium

Bei Übelkeit in der Frühschwangerschaft werden meist sanfte Mixgetränke gut vertragen, besonders wenn sie mit Bananen und Melonen zubereitet werden. Viele der Rezepte enthalten dank dem Vanillejoghurt viel Eiweiß; Sie können daher im ersten Trimester, wenn die Übelkeit überhandnimmt, ein Mixgetränk als vollwertige Mahlzeit zu sich nehmen.

Vorbereiten 5 Minuten
Garen keine Garzeit
Für 1 Person

Geben Sie die Zutaten für jedes Mixgetränk in den Mixer. Betätigen Sie den Momentschalter 3- oder 4-mal. Dann pürieren Sie das Getränk fein und genießen es.

TIPPS
- Das Getränk wird kalorienärmer, wenn Sie Magermilchjoghurt verwenden. Brauchen Sie eine kalorienreichere Kost, bereiten Sie es mit Vollmilchjoghurt zu.
- Statt Joghurt können Sie 100 g Seiden-Tofu verwenden; dieser besonders weiche, cremige Tofu ist auch für Salatdressings geeignet.
- Wünschen Sie bei dem »cremigen Orangen-Smoothie« eine andere Geschmacksnote und Konsistenz, ersetzen Sie die Banane durch 250 g Ananasstücke.
- Für das Rezept »Honigmelonen-Bananen-Smoothie« können Sie auch Charentais- oder Galia-Melone verwenden.

Cremiger Orangen-Smoothie

100 g Orangensorbet
1 Banane, geschält, in Scheiben
200 g Vanillejoghurt
250 ml Orangensaft

Honigmelonen-Bananen-Smoothie

350 g Honigmelone, gewürfelt
1 Banane, geschält, in Scheiben
200 g Vanillejoghurt
250 ml Apfelsaft
3 Eiswürfel

Beeren-Pinienkern-Smoothie

250 g Ananasstücke
125 g Erdbeeren, tiefgekühlt
250 ml Ananassaft
1 EL klarer Honig
200 g Vanillejoghurt

Joghurt ist eine hervorragende Kalziumquelle für den Aufbau von Knochen und Zähnen Ihres Babys.

Catherines Pfefferminzriegel

Reich an: ✓ Antioxidanzien

Schokolade verführt, ob man schwanger ist oder nicht. Genießen Sie diese köstlichen Riegel mit Ihrer Familie. Es ist ganz einfach, zu Hause Süßigkeiten herzustellen. Dieses Rezept von Catherine Thomas können schon Kinder zubereiten!

Vorbereiten 10 Minuten
Zubereiten 10 Minuten
Kühlen 45 Minuten
Für 1 kg

Rapsöl für das Backblech
400 g weiße Schokolade, in Stücken
400 g gute Bitterschokolade, in Stücken
200 g Pfefferminzbonbons, sehr fein zerstoßen (die Bonbons dafür in einen Gefrierbeutel geben und mit dem Fleischklopfer zerstoßen)

1 Ein Backblech (27 x 43 cm) ganz leicht einfetten.
2 Die weiße Schokolade in ein Wasserbad geben; in ein weiteres Wasserbad oder in einen Simmertopf die Bitterschokolade geben (siehe Seite 173). Beide Schokoladensorten schmelzen und etwas abkühlen lassen.
3 Die Bitterschokolade so dünn wie möglich auf das vorbereitete Backblech streichen. Die geschmolzene weiße Schokolade auf der dunklen verteilen. Eine Gabel oder einen Spieß durch beide Schokoladensorten ziehen, sodass ein Muster entsteht. Die gehackten Pfefferminzstücke auf die Schokolade streuen.
4 Das ganze Backblech mit einem Stück Backpapier bedecken und die Pfefferminzstücke vorsichtig in die Schokolade drücken. 45 Minuten im Kühlschrank kalt werden lassen.
5 Das Backpapier abnehmen. Die Schokolade schnell in Stücke brechen, damit sie durch die Wärme der Hände nicht schmilzt. Die Pfefferminzriegel in einem luftdichten Behälter im Kühlschrank aufbewahren.

Nährstofftabellen

Die folgenden Tabellen bieten eine Übersicht der Nahrungsmittel, die in der Schwangerschaft die Nährstoffversorgung garantieren. Auf Seite 180 finden Sie Obst- und Gemüsesorten und auf den Seiten 181–183 Tabellen mit Informationen. Häufig sind die Mengen in Bechern angegeben. Fertigen Sie sich Ihren eigenen »Messbecher« an, indem Sie einen leeren, großen Becher auf eine Küchenwaage stellen und so viel Wasser hineinfüllen, bis die Waage bei »Bechergewicht plus 238 g« steht. Dann markieren Sie die Füllhöhe mit einem Strich am Becher. Fertig ist Ihre Maßeinheit.

NÄHRSTOFF	REICHHALTIGE QUELLE	PORTIONSGRÖSSE	GUTE QUELLE	PORTIONSGRÖSSE
FOLAT Sie benötigen im Monat der Empfängnis und in den ersten sechs Wochen der Schwangerschaft täglich 400 µg (Mikrogramm) Folat. Folsäure, eine synthetische Form des Folats, kann als Ergänzungspräparat eingenommen werden. Ein Nahrungsmittel, das reich an Folat ist, versorgt Sie mit mehr als 80 µg und eine gute Folat-Quelle mit 40–80 µg.	Bohnen, Linsen, Orangensaft, Frühstücksflocken	1½ Becher	Avocado, Grapefruit, Papaya	½ Frucht
	Spargel, Frühkohl oder Kohl, Grünkohl, Spinat, Mangold, Erdbeeren, Sonnenblumenkerne	½ Becher	Brokkoli, Rosenkohl, Cantaloupe-Melone, Mais, Erbsen, Nüsse, Kartoffeln, Salat, Kürbis, Himbeeren, Tomaten, Rübstiel, Hähnchen, Fisch	115 g
			Orange	1 Frucht
KALZIUM Kalzium wird in der Schwangerschaft für den Aufbau der Knochen Ihres Babys und für den Schutz Ihrer eigenen Knochen benötigt. Sie brauchen täglich 1200 mg Kalzium aus der Nahrung. Die hier angeführten reichen Quellen versorgen Sie mit mehr als 150 mg und gute Quellen liefern 50–150 mg.	Ricotta	¼ Becher	Mandeln, Parmesan und Mozzarella	30 g
	Blauschimmelkäse, Cheddar, Emmentaler, Sesam	30 g	Frischkäse, Tempeh (indonesisches Sojaprodukt)	60 g
	Tofu	60 g	Bohnen, Brokkoli, Pak choi, Hüttenkäse, Grünkohl, Rübstiel, Joghurt	½ Becher
	Sardinen (mit Gräten)	115 g		
	Kohl/Frühkohl	½ Becher	Sojamilch	1 Tasse
	Eiscreme, Milch, Orangensaft, Joghurt	1 Becher	Orange	1 Stück
EISEN Ihr Körper muss nun 30 mg Eisen erhalten, damit er die zusätzliche Menge Blut bilden kann. Die hier angeführten reichhaltigen Quellen versorgen Sie mit 30 mg und gute Quellen mit 1–2 mg.	Mandeln, Erbsen, Sonnenblumenkerne	½ Becher	Paranüsse, Cashewkerne, Datteln	½ Becher
	Rindfleisch, getrocknete Pfirsiche	115 g	Hähnchen, Schweinefleisch, Truthahn, Sardinen, Jakobsmuscheln	115 g
	Frühstückscerealien (angereichert), Muscheln, Kidney-Bohnen, grüne Bohnen oder Wachsbohnen, Linsen, Kürbiskerne, Pflaumensaft, Sojabohnen, Spinat	1 Becher	Spargel, Tomatensaft	1 Becher
			Ei	1 großes

NÄHRSTOFF	REICHHALTIGE QUELLE	PORTIONSGRÖSSE	GUTE QUELLE	PORTIONSGRÖSSE
ZINK Zink ist in der Schwangerschaft ein unverzichtbares Spurenelement für Wachstum und Entwicklung. Sie benötigen nun 50 Prozent Zink mehr; empfohlen wird eine tägliche Zufuhr von 15 mg. Reiche Quellen versorgen Sie mit mehr als 4 mg und gute Quellen liefern 1–4 mg.	Erdnussbutter	1 EL	Weizenkeime	30 g
	Rindfleisch, Käse, Nüsse, Kürbis	60 g	Sonnenblumenkerne	60 g
	Samen, Hähnchen, Kichererbsen, Schweinefleisch, Truthahn	115 g	Miso, Rosinen, Garnelen, Tofu	85 g
			Kartoffeln, Bohnen	115 g
			Orange	1 Stück
	Joghurt	175 g	Linsen	½ Becher
	Frühstückscerealien, Milch	1 Becher		
	Austern	6		
	Vollkornbrot	1 Scheibe		
BALLASTSTOFFE Ballaststoffe sind für die Gesundheit immer wichtig – sie halten den Darm in Schwung. Ballaststoffe verleihen außerdem ein rascheres und längeres Sättigungsgefühl. Eine reiche Quelle bietet mehr als 3 g Ballaststoffe und eine gute Quelle 1–3 g.	Avocado, Apfel mit Schale, Banane, Möhre, Nektarine, Birne, Kartoffel (mit Schale)	1 Stück, mittelgroß	Cantaloupe-Melone, Grapefruit	½ Stück, mittelgroß
	schwarze Bohnen, Kichererbsen, Kidney-Bohnen, Pinto-Bohnen (alle gekocht)	½ Becher	Kleie-Brötchen, Pfirsich, Paprikaschote (rot oder grün), Kartoffel (ohne Schale), Tomate	1 Stück, mittelgroß
	Spinat (gekocht)	¾ Becher	Kirschen	20
	Sellerie (gewürfelt)	1 Becher	Walnüsse	10 halbe
	Kohl/Frühkohl, Erbsen **oder** Winterkürbis, Mangold (beide gekocht)	1 Becher	Cashewkerne	11 mittelgroße
			Mandeln	12 Stück
			Erdnüsse	18 mittelgroße
	Apfelmus (ungesüßt), Brombeeren, Trauben (mit Haut), Erdbeeren, Himbeeren, Wassermelone (1 Scheibe, 25 cm Durchmesser)	1 Becher	Pinienkerne	30 g
			Sonnenblumenkerne	2 EL
			Erdnussbutter	1 EL
	Naturreis	1 Becher	Tofu	85 g
			Ananas (Stücke), Haferflocken, Popcorn (gepoppt), Tomaten (Dose)	1 Becher
			Romanasalat, klein geschnitten	2 Becher
			Vollkornbrot, Körnerbrot	1 Scheibe

NÄHRSTOFF	REICHHALTIGE QUELLE	PORTIONSGRÖSSE	GUTE QUELLE	PORTIONSGRÖSSE
EIWEISS Eiweiß ist Baustein für das körperliche Wachstum und die Zellbildung. Meist besteht kein Problem, den Eiweißbedarf zu decken. Sie brauchen in der Schwangerschaft 60 g Eiweiß am Tag, dies entspricht etwa 3 Portionen. Vegetarier sollten 4 Portionen zu sich nehmen. Dazu verzehren Sie täglich 3 reiche Eiweißquellen oder 4-6 Portionen gute Quellen.	Bohnen, gekocht	1 Becher	Milch	1 Becher
	Käse	85 g	Erdnussbutter	2 EL
	Eier	2 große	Sesam	85 g
	Linsen, Nüsse, Sonnenblumenkerne	85 g	Tofu	115 g
	Fleisch, Geflügel, Fisch	115 g	Joghurt	1 Becher

OBST UND GEMÜSE	QUELLE	PORTIONSGRÖSSE	QUELLE	PORTIONSGRÖSSE
Keine einzelne Obst- oder Gemüsesorte versorgt Sie mit allen Nährstoffen, die Sie und Ihr Baby benötigen. Essen Sie daher abwechslungsreich, um mit allen notwendigen Vitaminen und Spurenelementen versorgt zu sein. Nehmen Sie möglichst mindestens fünf Portionen täglich zu sich. Diese Tabelle dient Ihnen als Orientierung für die entsprechenden Portionsgrößen der häufigsten Obst- und Gemüsesorten.	Obst		Gemüse	
	Apfel	½ großer oder 1 kleiner	rohes oder gekochtes Gemüse	1 Becher
	Apfelmus	1 Becher	Salat	2 Becher
	Banane	1		
	Grapefruit	1 mittelgroße	Süßkartoffel	1
	Trauben	1 Becher	Bohnen (Bohnen zählen als Eiweißträger und als Gemüse)	1 Becher
	Pfirsich, Nektarine, Pflaume	1 große		
	Ananasstücke	1 Becher	Tofu (Tofu zählt als Eiweißträger und als Gemüse)	1 Becher
	Trockenobst wie Rosinen, Cranberries, Kirschen, Datteln, Pflaumen	½ Becher	Tomate	1
			Gemüse- oder Tomatensaft	1 Becher

FETTE	NAHRUNGSMITTEL	PORTIONSGRÖSSE	GESUNDE FETTE	UNGESUNDE FETTE
Sie können täglich etwa 3 bis 4 Portionen gesundes Fett zu sich nehmen. Versuchen Sie, nicht mehr als 1 Portion aus der »ungesunden« Kategorie zu verzehren.	Avocado	½ Stück	viel	wenig
	Rindfleisch	115 g	wenig	viel
	Butter	1 TL	wenig	viel
	Rapsöl	1 EL	viel	wenig
	Maiskeimöl	1 EL	viel	wenig
	Cheddar	60 g	wenig	viel
	Margarine	1 TL	wenig	viel
	Vollmilch	225 ml	wenig	viel
	Milch, 1,5% Fett	225 ml	wenig	viel
	Magermilch, entrahmt	225 ml	wenig	wenig
	Nüsse	85 g	viel	wenig
	Erdnussbutter	2 EL	viel	wenig
	Oliven	10	viel	wenig
	Olivenöl	1 EL	viel	wenig
	Distelöl	1 EL	viel	wenig
	Lachs	115 g	viel	wenig
	Sonnenblumenöl	1 EL	viel	wenig

GUTE FETTE	ÖLE	NAHRUNGSMITTEL	SCHLECHTE FETTE	ÖLE	NAHRUNGSMITTEL
Mehrfach ungesättigte Fette Versuchen Sie, Ihren Fettbedarf hauptsächlich durch Fette aus dieser Kategorie oder durch einfach ungesättigte Fette (unten) zu decken.	Mais, Soja, Bohnen, Färberdistel	Fisch Kokosnuss und Kokosmilch	**Gesättigte Fette** Diese Fette können zu hohen Cholesterinwerten und Herzkrankheiten beitragen und das Risiko für bestimmte Krebsarten sowie Adipositas erhöhen.	Kokosnuss	Vollmilch, Butter, Käse und Eiscreme rotes Fleisch Schokolade
Einfach ungesättigte Fette Diese Fette werden ebenfalls als »gesund« eingestuft, wählen Sie also aus dieser Auswahl und der oberen Aufstellung.	Olive, Raps, Erdnuss	Cashewkerne, Mandeln, Erdnüsse und die meisten anderen Nusssorten Avocados, Oliven	**Transfette** Diese Fette sind ebenfalls ungesund und sollten daher in möglichst geringer Menge verzehrt werden.	teilweise hydriertes pflanzliches Öl	die meisten Margarinesorten Pflanzenfett frittierte Pommes Fastfood die meisten industriell hergestellten Backwaren

MILCH IM VERGLEICH		FETT	KALZIUM	KILOKALORIEN	PORTIONSGRÖSSE
In dieser Tabelle können Sie ablesen, wie viel Fett, Kalzium und Kalorien durchschnittlich in den 3 gebräuchlichsten Milchsorten enthalten sind.	Vollmilch	9 g	290 mg	150	250 ml
	Fettarme Milch (1,5 %)	4,5 g	298 mg	140	250 ml
	Entrahmte Milch (Magermilch, 0,3 %)	0,9 g	300 mg	120	250 ml

IDEALE NAHRUNGSMITTEL	FRISCHE PRODUKTE	GEKÜHLTE PRODUKTE
Diese Nahrungsmittel stecken voller Nährstoffe, die ideal sind für die Schwangerschaft. Bevorzugen Sie Rezepte mit diesen Lebensmitteln.	Spargel Blaubeeren Cranberries Lachs Spinat	Bitterschokolade Eier, mit Omega-3-Fettsäuren angereichert Joghurt Seiden-Tofu pasteurisierter Käse

VORRATSHALTUNG	LEBENSMITTEL	GEKÜHLT/TIEFGEFROREN	SNACKS	OBST/GEMÜSE
Haben Sie immer eine reiche Auswahl an Lebensmitteln im Vorratsschrank, dem Kühlschrank und der Tiefkühltruhe vorrätig. Besonders wichtig ist dies im dritten Trimester und nach der Geburt, wenn Sie nicht so oft einkaufen gehen können wie früher. Am besten haben Sie die hier aufgeführten Lebensmittel in der Schwangerschaft immer vorrätig.	Sardellenfilets (Dose) Hühnerbrühe (salzarm) gegrillte Paprikaschoten (Glas) Salsa (Glas) Tomaten (Dose) Mineralwasser Couscous Nudeln Perlgraupen Reis (brauner und weißer) Haferflocken Weizenkeime Vollkorncerealien/-flocken Vollkornbrot Backpulver Natron brauner Zucker Chilipulver Zimt Schokoladenchips Kreuzkümmel Dijonsenf Mehl (Vollkorn und Type 405) Honig Meersalz Ahornsirup Pfefferkörner (schwarz) Zucker Vanille schwarze Bohnen (Dose) Canellini-Bohnen und Kichererbsen (Dose) Linsen Pinto-Bohnen (Dose) Erdnussbutter Rapsöl Mayonnaise (fettarm) Olivenöl Essig (Balsamico-Essig, Apfelessig) Sojasauce (oder Tamari)	Butter Buttermilch Cheddar Hüttenkäse und Frischkäse (fettarm) Eier (angereichert mit Omega-3-Fettsäuren) Feta und Ziegenkäse (pasteurisiert) Gruyère Mozzarella (fettarm) Milch (Vollmilch und Magermilch) Parmesan saure Sahne (fettreduziert) Joghurt Tortillas (Mais und Weizen) Leinsamen Zitronen Salat (Romanasalat und Mischsalat) Orangensaft (mit Kalzium angereichert) Geflügelwurst Tofu (Seiden-Tofu und fester) Blaubeeren Hähnchenbrust Mais grüne Bohnen Apfelsaft Erbsen Spinat Erdbeeren Waffeln (Vollkorn) Brötchen (Vollkorn) Brot (Vollkorn) Muffins (Vollkorn)	Avocado Brokkoliröschen mit Dip Möhrenstücke Selleriestücke Käse (pasteurisiert) Cracker Trockenobst und Nüsse (Mischung) Granola Hummus Popcorn Brezeln Rote Paprikastreifen Tomaten und Mozzarella (mit Olivenöl beträufelt) Cashewkerne Erdnüsse Pekannüsse Walnüsse Pinienkerne Mandeln Datteln Pflaumen Rosinen Apfelringe (getrocknet) Aprikosen (getrocknet) Kirschen (getrocknet) Cranberries (getrocknet) Sesam Sonnenblumenkerne	Äpfel Bananen Brombeeren Blaubeeren Kirschen Klementinen Grapefruits Trauben Orangen Pflaumen Pfirsiche Himbeeren Erdbeeren Tangerinen Spargel Brokkoli Möhren Blumenkohl Sellerie Koriandergrün Gurke Auberginen Pilze Petersilie (glatt) rote Paprikaschoten Tomaten Zucchini Butternusskürbis Ingwer (frisch) Knoblauch Zwiebeln Kartoffeln Schalotten

Wochenmenü im ersten Trimester

In dem Monat vor der Empfängnis und während des ersten Trimesters trägt der hohe Folatgehalt dieses Speiseplans zur Vorbeugung von Fehlbildungen, wie Spina bifida, bei. Übelkeit kann Sie nun belasten; diese Kost lindert die Symptome.

	MONTAG	DIENSTAG	MITTWOCH	DONNERSTAG	FREITAG	SAMSTAG	SONNTAG
Frühstück	• 2 Scheiben Vollkorntoast • 2 hartgekochte Eier, angereichert mit Omega-3-Fettsäuren	• Vollkornmüsli • Melonenschnitze	• Getoastete, tiefgekühlte Vollkornwaffeln mit Erdbeerscheiben	• Honigmelonen-Bananen-Smoothie (S. 176)	• Halbe Cantaloupe-Melone, gefüllt mit Hüttenkäse • 1 Scheibe Vollkorntaost	• Getoasteter Vollkornbagel oder -brötchen mit Frischkäse • Apfelsaft	• Überbackener Mozzarella-Toast (S. 100)
Mittags-mahlzeit	• Vanillejoghurt, Trauben, Granola	• Vollkorncracker, Käsewürfel und Cantaloupe-Melone	• Vollkornwrap mit Avocado, Käse, Salat und Tomate	• Hummus auf Vollkornwrap	• Erdnussbutter auf Vollkorncracker, Trauben, Magermilch	• Rindfleischsuppe mit Graupen und Endivie (S. 125) • Knuspriges Brot mit Olivenöl	• Sesam-Tofu mit Orangen-Ingwer-Brokkoli (S. 112)
Zwischen-mahlzeit	• Getoastetes Süßkartoffel-Pekan-Brot (S. 119)	• Joghurteis	• Teebrötchen mit Schokolade und getrockneten Kirschen (S. 121)	• Wassermelone	• Vollkornbrezeln	• Trockenobst-Nuss-Mischung	• Reiswaffeln
Abend-essen	• Gebackene Hähnchenbrust • Ofenkartoffel mit Olivenöl • Gedämpfter Spinat	• Pizza-Baguette (S. 116)	• Couscous mit Frühlingsgemüse	• Spaghetti mit Spargel und gerösteten Walnüssen (S. 144)	• Würzige Hähnchenbrüste mit Avocado-Mais-Salsa (S. 152) • Eiernudeln, gebraten mit Olivenöl, Salz und Pfeffer **Oder** • Ofenkartoffel mit Olivenöl (wenn Sie an Übelkeit leiden) • Vanillejoghurt • Scheiben von Honigmelone	• Schweinefilet im Gewürzmantel (S. 156) • Kartoffelbrei mit Olivenöl und gebratenem Knoblauch (S. 134) • Gekochter Spargel **Oder** • Honigmelonen-Bananen-Smoothie (S. 176) (wenn Sie an Übelkeit leiden) • Vollkorntoast	• Schnelles Pfannensteak (S. 155) • Gebackene Süßkartoffel • Gedämpfter Spinat **Oder** • Weißer Reis mit roter Sauce (wenn Sie an Übelkeit leiden)
Dessert	• Orangenschnitze	• Trauben und Joghurt	• Apfel	• Birne	• Papaya	• Pfirsich	• Ananasstücke

Wochenmenü im zweiten Trimester

Jetzt haben Sie wieder Appetit und viele Beschwerden des ersten Trimesters lassen nach. Das Essen schmeckt Ihnen also wieder. Vielleicht müssen Sie mit Heißhungerattacken kämpfen. Dieser Speiseplan verhilft zu einer optimalen Gewichtszunahme.

	MONTAG	DIENSTAG	MITTWOCH	DONNERSTAG	FREITAG	SAMSTAG	SONNTAG
Frühstück	• Vollkornwaffeln mit Erdbeerscheiben und fettarmer Sahne oder Schmand	• Überbackener Mozzarella-Toast (S. 100) • Orangen- oder Apfelsaft	• Herzhaftes Brötchen (S. 103)	• Nuss-Granola (S. 104) in Vanillejoghurt mit Erdbeerscheiben und etwas Ahornsirup **Oder** • Cremiger Orangen-Smoothie (S. 176)	• Halbe Honigmelone, gefüllt mit Hüttenkäse • Scheibe Weizentoast	• Haferbrei mit Trockenobst und Nüssen (S. 95)	• Spargel-Gruyère-Omelett (S. 92) • Scheibe Vollkorntoast
Mittagsmahlzeit	• Hüttenkäse, gemischtes Obst, Vollkorncracker	• Puten-Sandwich mit Emmentaler, Salat und Tomate • Apfel	• Nudelsalat mit Brokkoli, Spinat und Tomaten in sahnigem Dressing (S. 132)	• Vollkornwrap mit frischem Mozzarella, Basilikum, Olivenöl und Salz	• Joghurt, Granola und Obst	• Sandwich mit Knoblauchwurst und Mangold (S. 113)	• Pfannengerührter Pak choi und Paprika mit gebackenem Tofu (S. 108)
Zwischenmahlzeit	• Sonnenblumenkerne mit Magermilch	• Nuss-Granola mit Magermilch (S. 104)	• Walnuss-Schokoladen-Kekse (S. 174) mit Magermilch	• Selleriestücke mit Erdnussbutter	• Nussmischung	• Melonenschnitze	• Trockenobst-Nuss-Mischung
Abendessen	• Gebackene Hähnchenbrust • Ofenkartoffel • Romanasalat mit Minze, Datteln, Orangen und Mandeln (S. 129)	• Schnelles Pfannensteak (S. 155) • Gebackener Spargel mit Pinienkernen und Blauschimmelkäse (S. 135) • Westernkartoffeln aus dem Ofen	• Lachs mit Kräuter-Senf-Kruste (S. 147) **Oder** • Grünkohl mit herzhafter Wurst (S. 136) • Couscous mit Olivenöl und Petersilie (S. 133)	• Toskanisches Schweinekotelett mit karamellisierten Äpfeln und Schalotten (S. 157) • Kartoffelbrei mit Olivenöl und gebratenem Knoblauch (S. 134)	• Brokkoli-Käse-Kartoffeln (S. 111) • Grüner Salat mit Olivenöl und Balsamico-Vinaigrette	• Enchiladas mit Hähnchen, Mais und schwarzen Bohnen (S. 151)	• Hähnchenschenkel mit Essig und süßer Paprika (S. 164) • Couscous mit Olivenöl und Petersilie (S. 133)
Dessert	• Gedämpfter Apfel mit Joghurt	• Trauben und Apfelschnitze	• Pfirsich	• Erdbeeren in Schokolade (S. 173)	• Karamellisierte Ananas	• Blaubeeren mit Joghurt-Honig-Sauce	• Beeren-Joghurt-Creme (S. 171)

Wochenmenü im dritten Trimester

Nun haben Sie vielleicht guten Appetit, leiden aber sehr rasch unter unangenehmem Völlegefühl. Häufige kleine Mahlzeiten und gesunde, nährstoffdichte Zwischenmahlzeiten erleichtern Ihnen das dritte Trimester.

	MONTAG	DIENSTAG	MITTWOCH	DONNERSTAG	FREITAG	SAMSTAG	SONNTAG
Frühstück	• Ungesüßte Ananasstücke aus der Dose mit Hüttenkäse • Vollkorntoast	• Banane	• Vollkornbrötchen mit fettarmem Frischkäse bestrichen und mit Apfelscheiben und Rosinen belegt	• Bananenscheiben mit Vanillejoghurt und Honig, mit gehackten Walnüssen und Rosinen bestreut	• Haferbrei mit Trockenobst und Nüssen (S. 95)	• Maistortillas mit Eiern, Cheddar und Salsa (S. 94)	• Mangold-Feta-Frittata (S. 117) • Vollkorntoast
Mittagsmahlzeit	• Käsewürfel, knuspriges Brot und Trauben • Joghurteis zum Nachtisch	• Joghurt mit Granola und Obst	• Salat aus hartgekochten Eiern (verwenden Sie 2 Eiweiße und 1 Eigelb von Omega-3-angereicherten Eiern) mit fettarmer Mayonnaise und Paprika, auf Vollkornbrot mit Romanasalat und Tomate	• Vollkornwraps mit scharfen weißen Bohnen und Gemüse (S. 114)	• ein Stück Gemüse- oder Käsepizza (vom Pizzabäcker) • Grüner Salat mit Vinaigrette	• Hähnchensalat mit Sesam (S. 126) • Knuspriges Brot	• Im Ofen gebackene Hähnchenflügel • Krautsalat
Zwischenmahlzeit	• Trockenobst	• Käse auf Vollkorncracker	• Teebrötchen mit Schokolade und getrockneten Kirschen (S. 121)	• Karotten- und Selleriestücke mit Dip-Sauce (S. 118)	• Sonnenblumenkerne	• Himbeeren	• Cranberries
Abendessen	• Steak mit Pilzen (S. 154) • Kartoffelbrei mit Olivenöl und gebratenem Knoblauch (S. 134) • Gurken mit Zwiebel, Minze und Feta (S. 130)	• Hähnchen und Garnelen in Knoblauch mit Tomaten und Kräutern (S. 165) • Knuspriges Brot mit Olivenöl	• Rindfleisch in Rotwein (S. 166) • Penne oder andere Röhrennudeln	• Gebratener Lachs auf Mischsalat mit Himbeer-Vinaigrette (S. 146) • Naturreis	• Balsamico-Hähnchen mit Spargel und Petersilie (S. 150) • Couscous	• Linguine mit Garnelen, Tomaten und Petersilie (S. 145)	• Italienischer Kabeljau (S. 148) • Romanasalat mit Minze, Datteln, Orangen und Mandeln (S. 129) • Westernkartoffeln aus dem Ofen
Dessert	• Himbeeren und Joghurt	• Tangerinen- oder Mandarinenschnitze	• Pflaumen und Trauben	• Nektarinen	• Pfirsichscheiben, mit bestem Balsamico beträufelt	• Apfelmus und Joghurt	• Milchmixgetränk

Wochenmenü direkt nach der Geburt

Direkt nach der Geburt sind Sie emotional und körperlich ausgelaugt und Ihre Nährstoffspeicher müssen, wenn sich Ihr Körper erholt, aufgefüllt werden. Jetzt ist nicht die Zeit für eine kalorienarme Diät. Sie brauchen Eiweiß und energiespendende, unraffinierte Kohlenhydrate.

	MONTAG	DIENSTAG	MITTWOCH	DONNERSTAG	FREITAG	SAMSTAG	SONNTAG
Frühstück	• 2 hartgekochte Eier, mit Omega-3-Fettsäuren angereichert • Vollkorntoast • Orangensaft	• Vollkornflocken mit Trockenobst und Magermilch	• Honigmelonen-Bananen-Smoothie (S. 176)	Nuss-Granola (S. 104) in Vanillejoghurt mit Erdbeerscheiben und Ahornsirup	• Halbe Cantaloupe-Melone, mit Hüttenkäse gefüllt • eine Scheibe Vollkorntoast	• Haferbrei mit Trockenobst und Nüssen (S. 95)	• Frühstücks-Burrito (S. 102) • Orangensaft
Mittagsmahlzeit	• Vollkornsandwich mit Roastbeef, Käse, Salat und Tomate • Banane	• Pikante Linsen-Blumenkohl-Suppe (S. 124) • Scheibe knuspriges Brot mit Olivenöl	• Überbackener Käse und Tomate auf Vollkornbrot	• Spanische Eier mit Kartoffeln, Zwiebeln und würziger Wurst (S. 93)	• Gebackenes provenzalisches Gemüse (S. 139) mit Provolone auf Baguette	• Bohnen-Bulgur-Salat mit Petersilie und Zitronen (S. 127)	• Vollkornbrötchen mit Frischkäse, getrockneten Cranberries, Mandelblättchen • Trauben
Zwischenmahlzeit	• Trockenobst	• Getoastetes Süßkartoffel-Pekan-Brot (S. 119)	• Sonnenblumenkerne	• Selleriestücke mit Frischkäse	• Pikante Tamari-Mandeln	• Junge-Möhren-Stücke, in Hummus getaucht	• Reiswaffeln
Abendessen	• Vollkornwraps mit scharfen weißen Bohnen und Gemüse (S. 114)	• Pizza-Baguette (S. 116)	• Grüner Salat mit Käsewürfeln, Avocadostücken, Oliven und hartgekochten Eiern mit Kürbiskernen und Balsamico-Vinaigrette • eine Scheibe knuspriges Vollkornbrot, mit Olivenöl beträufelt	• Vollkornnudeln mit einer Sauce aus Olivenöl, Knoblauch und Petersilie, bestreut mit Parmesan • Gedämpfter Mangold	• Mangold-Feta-Frittata (S. 117) • Knuspriges Vollkornbrot, mit Olivenöl beträufelt	• Gebratener Lachs auf Mischsalat mit Himbeer-Vinaigrette (S. 146) • Naturreis	• Brokkoli-Käse-Kartoffeln (S. 111)
Dessert	• Blaubeeren	• Wassermelone	• Nektarinen	• Orangenschnitze	• Banane und Rosinen	• Birne	• Gemischte Beeren mit entrahmtem Vanillejoghurt

Wochenmenü zur Rückbildung

Sobald Sie sich erholt haben, wieder Sport treiben und Ihren Körper in Form bringen wollen, können Sie diesen Ernährungsplan befolgen. Er enthält viele Ballaststoffe und Nährstoffe. So werden Sie schneller satt und nehmen auf gesunde Weise ab.

	MONTAG	DIENSTAG	MITTWOCH	DONNERSTAG	FREITAG	SAMSTAG	SONNTAG
Frühstück	• Vollkornwaffeln mit Erdbeerscheiben • Vanillejoghurt, Trauben, Granola	• Vollkornflocken mit getrockneten Datteln und Magermilch	• Honigmelone-Bananen-Smoothie (S. 176)	• Nuss-Granola (S. 104) in Vanillejoghurt mit Erdbeerscheiben	• Halbe Cantaloupe-Melone, gefüllt mit Hüttenkäse • eine Scheibe Vollkorntoast	• Haferbrei mit Trockenobst und Nüssen (S. 95) (um Kalorien zu sparen, lassen Sie die Nüsse weg)	• 1 hart gekochtes Ei, mit Omega-3-Fettsäuren angereichert • 1 Scheibe Vollkornbrot • Orangensaft
Mittagsmahlzeit	• Vollkorn-Sandwich mit Pute, Emmentaler, Romanasalat und Tomate mit Senf	• Magermilchjoghurt • Beerenmischung, Erdbeeren, Himbeeren, Blaubeeren • 4 Vollkorncracker	• Hummus auf Vollkornwrap mit Zucchini, Salat, Tomate	• Vollkornwraps mit scharfen weißen Bohnen und Gemüse (S. 114)	• Käsewürfel, Apfelschnitze und Vollkorncracker	• Überbackenes Käse-Tomaten-Vollkornbrot	• Grüner Salat mit Gurke, Feta, roter Zwiebel und Tomaten mit Olivenöl-Balsamico-Vinaigrette • Knuspriges Brot
Zwischenmahlzeit	• Banane und Joghurt	• Reiswaffeln	• Zimt-Toast	• Vollkornbrezeln	• Datteln	• Junge-Möhren-Stücke, in Hummus getaucht	• Popcorn und Trauben
Abendessen	• Romanasalat mit Minze, Datteln, Orangen und Mandeln (S. 129) • Gebackene Hähnchenbrust • Gebackene Süßkartoffel	• Knuspriger Schellfisch mit Spinat (S. 162) • eine halbe Ofenkartoffel	• Pizza-Baguette (S. 116)	• Toskanisches Schweinekotelett mit karamellisierten Äpfeln und Schalotten (S. 157) • Westernkartoffeln aus dem Ofen	• Mangold-Feta-Frittata (S. 117) • Knuspriges Weizenbrot	• Steak mit Pilzen (115 g) (S. 154) • Ofen-Pommes (legen Sie Kartoffelscheiben auf einem gefetteten Backblech aus, geben Sie Olivenöl und Würzsalz darauf und lassen Sie sie etwa 45 Minuten bei 200 °C backen)	• Brokkoli-Käse-Kartoffeln (S. 111)
Dessert	• Birnen und Käse	• Blaubeeren	• Birne	• Himbeeren	• Trauben	• Banane	• Apfel

Register

Fettgedruckte Seitenzahlen verweisen auf Rezepte und Rezeptabbildungen.

A

Abendessen **140–167**
    außer Haus 43, 57, 65, 67, 75
    bestimmte Nährstoffe 23, 24, 26, 27, 28, 29, 30
    drittes Trimester 75, 146, **151**, 160, 161, 186
    erstes Trimester 55, 57, 143, 184
    nach der Geburt 80, 187, 188
    zu Hause 55, 75
    zweites Trimester 65, 67, 160, 161, 185
Adipositas siehe Übergewicht
Alkohol 37, 83, 87, **166**
Allergien 25, 82, 83
Aminosäuren 25–26
Ananas **172**, **176**
Anzeichen der Schwangerschaft 48
Äpfel, karamellisierte **157**
Aubergine **139**
Auswärts essen 43, 55, 57, 64, 67, 75
Avocado **94**, **102**, **152**

B

Ballaststoffe 23, 31, 37, 98, 111, 179
    siehe auch Verstopfung
Bananen **101**, **176**
Beeren 29, **170–171**
Befruchtung 50
Beilagen 122, **133–139**
Belegte Brote siehe Sandwichs
Bewegung siehe Sport
Biologische Nahrungsmittel 34–35, 37
Blaubeeren **63**, **91**, **96–97**, **101**, **171**
Blumenkohl **124**
Blutdruck 15, 32, 72, 76
Blutgefäße siehe Herz & Blutgefäße
Bluthochdruck 15, 32, 72, 76
Blutmenge 16, 28, 32, 40, 42, 48, 68, 155
Blutvolumen siehe Blutmenge
BMI (Body-Mass-Index) 13, 38, 40
Bohnen 32, 43, 78, **87**, **114–115**, 127, **151**, **161**
Botulismus 172
Brokkoli 29, 74, **108**, **110–111**, **112**, **118**, **132**
Brombeeren **170–171**
Brot, Süßkartoffel-Pekan **119**
Brust, Veränderungen 16, 40, 48, 54, 60
Bulgur-Salat **127**
Burrito, Frühstück **102**
Butternusskürbis **137**

C

Cerealien siehe Getreide
Couscous **133**, **142**

D

Dehnungsstreifen 60
Dehydrierung siehe Flüssigkeitszufuhr
Desserts 23, 24, 26, 27, 168, **170–177**, 185, 186, 187
Diabetes 10, 13, 19, 60
Dip-Sauce **118**
Dressing & Saucen **118**, **132**, **143**, **146**, **172**
Drittes Trimester 13, 15, 38, 43, 68–77, 126, 146, 156, 186
    Kalzium 16, 19, 70, 73, 76, 77, **116**, 168
    Verstopfung 72, 74, 77, 78, 95, 114, 151, 160, 161

E

Eier 27, 35, 64, 74, 80, **92–94**, **96**, **102**, **117**, **174**
Eisen 16, 28, 58, 65, 66, **154**, **155**, 178,
    drittes Trimester 70, 73, 76, 77, 156
    Präparate 22, 28, 36
Eisenmangel 28, 70, 77
Eisenmangel-Anämie 28, 70, 77
Eiweiß 22, 24–25, 32, 36, 67, 78, 81, 98, **165**, 180
Enchiladas **151**
Endivie **125**
Entwicklung, fetale siehe Fetale Entwicklung
Erdbeeren **170–171**, **173**, **176**
Erdnüsse 25, 83
Ergänzungspräparate 22, 28–29, 36, 52, 82, 87
Erstes Trimester 15, 16, 38, 48–57, 133, 143, 152, 171, 184

F

Fehlbildungen, Vorbeugung 10, 12, 18, 19, 28–29, 52, 152
Fehlgeburten 50, 53, 56
Fetale Entwicklung 12–13, 16
    Bewegungen 68, 71, 76
    drittes Trimester 13, 68, 70–71, 146
    erstes Trimester 50–52, 56
    zweites Trimester 60, 64
Fette 13, 22, 34–35, 27, 29, 36, 181, 182
Fisch & Meeresfrüchte 26, 30, 42, 43, 65, 78, **143–149**, 162
    Omega-3-Fettsäuren 19, 27, 64, **146**
    Quecksilber 24, 27, 35, 64, 82, 87, **147**, **148**
Fleisch 26, 35, 64, 65, 78
    Fettgehalt 13, 24–25, 27
    Portionsgrößen 25, 41, 42, 43
    Rezepte **93**, **113**, **124**, **125**, **136**, **154–157**, **166–167**
Flüssigkeitsansammlung siehe Ödeme
Flüssigkeitszufuhr 16, 19, 31

drittes Trimester 72, 73
erstes Trimester 50–51, 54
nach der Geburt 78, 81, 82
zweites Trimester 60, 62, 66
Folat/Folsäure 12, 16, 28–29, 37, 50, 52, 56, 92, **135**, **152**, **162**, 178
Frittata **117**
Fruchtwasser 40, 68, 70, 71, 76, 80, 87
Frühstück 90, **92–104**
    bestimmte Nährstoffe 23, 24, 26, 27, 28, 29, 30
    drittes Trimester 74, 186
    erstes Trimester 55, 57, 184
    nach der Geburt 80, 187, 188
    zweites Trimester 63, 185

G

Garnelen **145**, 165
Gebackenes Gemüse **137**, **138–139**
Gebärmutter 16, 40, 48, 51, 58, 60, 68
Geburtsgewicht 40, 68, 70
    hoch 10, 13, 19, 23, 70
    niedrig 15, 42
Geflügel siehe Hähnchen & Geflügel
Gehirnentwicklung siehe Nervensystem, Entwicklung
Gelüste siehe Heißhunger
Gemüse siehe Obst & Gemüse
Geschmack 20, 58, 65, 70–71, 76, 87, 94, 161, 166
Gesundheitlicher Nutzen, gesunde Ernährung 10, 14–15, 18
Getreide 23, 29, 36, 43, 74, 140
    Rezepte **95**, **104–105**, **120**, **125**, **127**
Gewicht, Gewichtszunahme 38–43, 46, 47, 60, 67, 68, 70, 106
Gewicht, nach der Geburt 80, 84
    untergewichtige Frauen 42–43, 47, 70
    Vorbeugung von Übergewicht 10, 13, 19, 27, 60, 70
    siehe auch Geburtsgewicht; Kalorienzufuhr
Gewohnheiten, Lebensweise 14–15, 18, 20, 76
Gier siehe Heißhunger
Glukose 12–13, 19, 23, 51, 60, 140

Granola **104–105**
Graupen **125**
Grünkohl **136**
Gurke **130–131**

H

Hafer **95**, **104–105**, **120**
Hähnchen & Geflügel 24–25, 26, 28, 35, 42, 43, 64, 65, 78
    Rezepte **113**, **126**, **150–153**, **163–165**
Hamburger 41, 43
Häm-Eisen 28, 65, 154, 155
Hämorrhoiden 62, 73, 77
Hautveränderungen 60
hCG (humanes Chorion-Gonadotropin) 48, 50, 53
Heißhunger 58, 65, 66, 74,75,80,140, **154**, **157**, 168
    siehe auch Schokolade
Herz & Blutgefäße, fetale Entwicklung 12, 51, 60
    kardiovaskuläre Erkrankungen 10, 13, 19, 60
    schwangere Frauen 15–16, 60
Herzhafte Brötchen **103**
Hitzewallungen 62, 67
Honig **172**
Hormone 15, 16, 48, 53, 54, 58, 60, 62, 80, 95
Hülsenfrüchte 32, 43, 78, **87**, **114–115**, **124**, **127**, **151**, **160**, **161**

I/J

Ingwer 54, 57, **101**, **108**, **112**
Jakobsmuscheln **143**, 165
Joghurt **29**, **101**, 168, **170–171**, **172**, **176**
Juckreiz 60

K

Kabeljau, italienischer **19**, **148–149**
Kalorienzufuhr 10, 20, 38, 46, 106
    drittes Trimester 70
    nach der Geburt 81, 84, 86
    Richtlinien, Schwangerschaft 22, 36, 67, 81

zweites Trimester 58, 66
Kalzium 16–17, 29, 92, 111, 154, 168, 178,
    drittes Trimester 16, 19, 70, 73, 76, 77, 116, 186
    nach der Geburt 81, 82
    zweites Trimester 16, 19, 58,64, 66
Karamellisierte Früchte **157**, **172**
Kardiovaskuläre Krankheiten 10, 13, 19, 60
Kartoffeln **110–111**, **134**
Käse 35, 43, **135**
    Abendessen **142**, **143**, **148**, **151**, **161**
    Frühstück **92**, **94**, **96**, **100**, **102**, **103**
    leichte Mahlzeiten **111**, **116**, **117**
    Salate und Beilagen **130**, **135**
Kegel-Übungen 72, 77
Kekse **174–175**
Kichererbsen **160**
Knochen, gesunde 16–17, 19, 60, 64, 70, 77, 168
Kochen 34–35, 37, 52, 77
Koffein 28, 37, 62, 83, 154
Kohlenhydrate 22, 23, 36, 67, 72, 78, 140
    Glukose 12–13, 19, 23, 51, 60, 140
    Portionsgrößen 37, 43
Koliken 83
Kurzatmigkeit 48, 54, 57
Kürbis **137**

L

Lachs 27, 64, **146**, **147**
Lebensmittel einkaufen 34–35, 183
Lebensmittelvergiftung 35, 64, 82, 135, 155, 172
Lebensweise 14–15, 18, 20, 76
Leinsamen 19, 27, 64, **120**, **174–175**
Linsen 32, **124**
Listerien 35, 64, 82, 135

M

Mahlzeiten planen 34, 78, 80, 82, 86, 158
    Anzahl der Mahlzeiten 42–43, 47, 54, 57, 66, 67

siehe auch einzelne Mahlzeiten
Mais 142, **151**, **152**
    Mangold 29, **117**
Meeresfrüchte siehe Fisch & Meeresfrüchte
Mehrlingsgeburten 17, 38, 53
Melonen 176
Menüs siehe einzelne Mahlzeiten
Milchprodukte 13, 24, 26, 27, 29, 43, 78, 82, 83, 103
    siehe auch Käse
Mischsalat 146
Mittagessen **140–167**
Mittagsmahlzeiten, auswärts essen 43, 55, 64, 75
    bestimmte Nährstoffe 23, 24, 26, 27, 28, 29, 30
    erstes Trimester 53, 55, **133**, 184
    drittes Trimester 74–75, **114**, **126**, 186
    nach der Geburt 80, 187, 188
    zum Mitnehmen 53, 64, 74
    zweites Trimester 64, 67, **113**, 185
Mixgetränke 55, 168, **176**
Mozzarella, Überbackener Toast **100**
Möhrensaft 71, 73
Müdigkeit 72, 75, 77, 78

N
Nach der Geburt 78–87, 187–188
Nachspeisen siehe Desserts
Nährstofftabellen 178–183
Nahrungsmittelunverträglichkeit bei Säuglingen 83
Nervensystem, Entwicklung 12, 18–19, 51, 52, 60, 64, 70, 144, 146, 174
Neuralrohrdefekte 12, 19, 28–29, 52, 152
Nudeln **132**, **142**, **144**, **145**
Nüsse 25, 32, 41, 43, 50, 52, 67, 78, 83, **104–105**
Nüsse siehe auch Walnüsse

O
Obst & Gemüse 15, 42, 43, 47, 62, 74, 78, 140, **171**, 180
    Heißhunger 58, 66, 137, 168
Trockenobst 63, 67, **95**, **120**, **121**
Nährstoffgehalt 22, 29, 30–31, 36, 52, 63, 136, 137
Säfte 28, 31, 42, 47, 71, 73, 74, 154, 176
siehe auch Salate; einzelne Gemüsesorten
Ödeme 32, 40, 48, 72, 76, 78
Öle 19, 27, 43
Omega-3-Fettsäuren 27, 62, 63, 64, 67, 81
    angereicherte Eier 27, 64, 74, 80, 177
    Gehirn- & Nervensystementwicklung 12, 19, 51, 60, 64, 70, 144, 146, 174
Omelett **57**, **92**, **93**, 117
Osteoporose 17, 77
Östrogen 16

P
Pak choi **26**, **108–109**
Paprika **108**, **114**, **139**, **161**, **164**
Pfannengerührtes **26**, **108–109**
Pfefferminzriegel **177**
Phytinsäure 28, 29, 30
Pilze **154**
Pizza 64, **107**, **116**
Pizza-Baguette **107**, **116**
Plazenta 12–13, 15, 16, 40, 51, 68, 80
Portionsgrößen 25, 41, 42, 43, 46, 65, 75, 84, 140, 178–181
Postpartum siehe Nach der Geburt
Progesteron 15, 16, 53, 95, 127
Puls 15, 48, 60

Q
Quecksilber 24, 27, 35, 64, 82, 87, 147, 148

R
Reis **143**, **161**
Restaurant, Mahlzeiten 43, 55, 57, 64, 65, 67, 75
Riegel, Snack **120**
Rindfleisch siehe Fleisch
Romanasalat **126**, **128–129**
Rote Sauce **143**

S
Säfte 28, 31, 42, 47, 71, 73, 74, 154, **176**
Salate 64, 67, 80, 122, **126–133**
Salmonellen 35
Sardellen 27
Salsa **94**, **152**
Salz 15, 19, 32, 72
    Bedürfnis nach 58, 65, 66, 74, 75, 140, 157
Samenkerne 19, 27, 32, 64, **120**, **174–175**
Sandwiches 64, 80, **103**, 106, **113**
Saucen & Dressing **118**, **132**, **143**, 146, **172**
Sauna 44, 47
Schellfisch **162**
Schlaf 48, 72, 77, 78, 86
Schokolade 41, 58, 63, 66, 67, 74, 168
    Rezepte **121**, **173**, **174–175**, **177**
Schwangerschaftsmaske 60
Schweinefleisch 24–25, **136**, **156–157**
Schwindel 62
Skelett 16–17, 19, 60, 64, 70, 77, 168
Smoothies siehe Mixgetränke
Snacks siehe Zwischenmahlzeiten
Sodbrennen 62, 66
Sojamilch 29, 32
Spanische Eier **93**
Spargel **92**, **135**, **142**, **144**, **150**
Spinat 29, **132**, **162**
Sport 44–45, 47, 58, 60, 66, 84–85, 87
Sport, Kegel-Übungen 72, 77
Stillen 68, 81–83, 84, 86, 87
Stimmungsschwankungen 62, 67, 81
Stoffwechsel 47, 125
Suppen 80, 122, **124**, **125**
Süßigkeiten siehe Desserts
Süßkartoffel-Pekan-Brot **119**

T
Tee 28, 29, 83
Teebrötchen 74, **77**, **121**

Tofu 29, 43, 168
  Rezepte **102, 108–109, 112, 119, 132, 151, 160, 176**
Tomaten, Abendessen **142, 143, 145, 160, 165, 166**
  Frühstück **94, 100, 102, 103**
  leichte Mahlzeiten & Salate **111, 114, 116, 125, 127**
Tortillas 75, **94, 102, 114–115,** 151
Toxoplasmose 35, 155

U
Übelkeit 48, 50–51, 53–54, 56–57, 100, 133, 143, 171, 176
Überbackener Mozzarella-Toast **100**
Übergewicht, Vorbeugung 10, 13, 19, 27, 60, 70
Urin & Urinieren 16, 31, 48, 51, 62, 72, 73, 77, 82

V
Veganer 32
Vegetarier 19, 24, 25–26, 27, 28, 29, 112
Verstopfung 62, 72, 74, 77, 78, 95, 114, 127, 151, 161
Vitamine 22, 28, 29, 30, 32, 63, 70, 82
  siehe auch Folat
Vollkornwraps **114–115**
Vorratshaltung 34, 183
Vorteile, gesunde Ernährung 10, **14–15,** 18

W
Walnüsse 19, 27, 63, **104, 114,** 144 **174–175**
Wasser siehe Flüssigkeitszufuhr
Wasserlassen siehe Urin & Urinieren

Whirlpool 44, 47
Wraps, Vollkorn **114–115**
Wurst, würzige 93, **113, 136**

Z
Zimt-Kürbis **137**
Zink 30, 32, 179
Zucchini **139**
Zweites Trimester 16, 19,38, 58–67, 113, 160, 161, 185
Zwillinge 17, 38, 53
Zwischenmahlzeiten 106, **107–121**
  bestimmte Nährstoffe 26, 28, 29, 30, 42
  drittes Trimester 74, 186
  erstes Trimester 55, 184
  nach der Geburt 81, 187, 188
  zweites Trimester 63, 67, 113, 185

Dank

Dank der Autorin
Während meiner Arbeit in der Geburtshilfe durfte ich Tausenden von Frauen zur Seite stehen. Die Ideen und Ausführungen in diesem Buch sind diesen Frauen, ihren Kindern und ihren künftigen Enkeln gewidmet. Wir hoffen, dass dieses Buch sowohl die Kunst und Wissenschaft des Essens abdeckt, da das Essen ein Vergnügen sein sollte, als auch den Grundstein für eine gute Gesundheit legt.

Spezieller Dank gilt Catherine Thomas, Fachfrau für »Culinary Arts« in Cambridge, Massachusetts, Public School, für ihr Rezept »Catherines Pfefferminzriegel«.

Dank des Verlags
Dorling Kindersley dankt folgenden Personen für ihren Anteil an diesem Buch:
Fiona Ford – Ernährungsberaterin
Alyson Silverwood – Korrekturlesen
Susan Bosanko – Register
Diana Vowels – Lektorat
Carola Ash – Design

Valerie Barrett – Probekochen der Rezepte
Annie Nichols und Valerie Berry – Haushaltsberatung
Tahira Herold – Frisuren und Make-up
Chloe Brown, Rachel Jukes und Isabel de Cordova – Foto-Styling
Byll Pulman – Foto-Assistenz
Sarah Thorpe – Design-Assistenz
»Lovely-lovely« für die Bereitstellung von Deckchen
Models – Jennine Ellis, Liz Gough, Mala Mistry, Corrie Williamson, Agni Hardy und Baby Leo, Marie Willsdon, Riyan Bissessar, Esme Folley, Yuko Tanaka-Betts

Bildnachweis
Der Verlag dankt folgenden Personen für die freundliche Genehmigung zum Abdruck ihrer Fotos:
Alamy Images: Agencja Free 33, 36; Getty Images: The Image Bank 66; Mother & Baby Picture Library: 18; Ian Hooton/Mother & Baby Picture Library: Coverfoto.

Alle anderen Abbildungen © Dorling Kindersley
Weitere Informationen unter : www.dkimages.com